제사장의 축복 기도

제사장의 축복 기도

저자 김원태
초판 1쇄 발행 2025. 8. 22.

발행처 도서출판 브니엘
발행인 권혁선

책임교정 조은경
책임영업 기태훈
책임편집 브니엘 디자인실

등록번호 서울 제2006-50호
등록일자 2006. 9. 11.

서울특별시 송파구 백제고분로28길 25 B101호 (05590)
마케팅부 02)421-3436
편 집 부 02)421-3487
팩시밀리 02)421-3438

ISBN 979-11-93092-45-3 03230

독자의견 02)421-3487
이 메 일 editorkhs@empal.com

북카페주소 cafe.naver.com/penielpub.cafe
인스타그램 @peniel_books

이 책은 저작권법에 따라 보호받는 저작물이므로 무단전제 및 무단복제를 금합니다.
이 책의 전부 또는 일부를 이용하려면 반드시 사전에 저작권자와 도서출판 브니엘의
동의를 받아야 합니다.

도서출판 브니엘은 독자들의 원고를 설레는 마음으로 기다리고 있습니다.
위의 이메일로 간단한 기획 내용 및 원고, 연락처 등을 보내주십시오.

도서출판 브니엘은 갓구운 빵처럼 항상 신선한 책만을 고집합니다.

[영적으로 광야 같은 시대를 사는 모든 분에게 드리는 축복]

제사장의 축복 기도

김원태 | 지음

브니엘

추천의 글
창조하고 회복하고 변화시키는 능력

　제가 미국에서 20년간 목회할 때 김 목사님은 우리 교회 부흥회, 큐티 세미나, 전교인 여름 수양회 등 다양한 집회에 강사로 오셨습니다. 한 번 모신 강사를 다시 모시는 경우는 드뭅니다. 김 목사님을 반복해서 모신 이유는 말씀이 너무 좋아서였습니다. 언제나 온 교우가 그분의 말씀을 통해 은혜를 받았습니다.
　그뿐 아닙니다. 김 목사님은 글을 참 잘 쓰십니다. 설교도 잘하고 글도 잘 쓰는 것은 쉽지 않습니다. 둘 중의 하나를 잘하는 경우가 더 많습니다. 그러나 김 목사님을 베스트셀러 작가이십니다. 오래전 십 대를 위한 수필에서부터 시작되었습니다. 그분의 글을 읽으면 감동이 몰려옵니다. 문장은 이해하기 쉽고 귀에, 눈에 쏙쏙 들어옵니다. 그리고 하나하나의 주장에는 항상 성경 말씀이 병행합니다. 자신의 주장을 펼치는 것이 아니라 하나님 말씀이 하는 말을 전하는 것입니다. 오랫동안 큐티를 해 오셨고 두란노서원 큐티 잡지 「생명의 삶」의 편집장이셨습니다. 오랫동안 습관적으로 말씀을 깊이 묵상해 오신 것이 그의 설교와 글에 나타납니다.

저는 이번에 「제사장의 축복 기도」를 읽으면서 많은 은혜를 받았습니다. 마치 감추어진 보석을 다시 발견한 느낌입니다. '하나님은 성경을 통해 우리에게 이렇게 놀라운 특권을 주셨구나. 아버지들, 목사님들, 성도들, 누구든지 하나님을 진심으로 믿는 모든 사람에게 자신과 남을 축복할 수 있는 권한을 주셨구나.' 축복의 말은 우리가 사용하는 똑같은 말이지만 또한 그것은 특별한 말입니다. 창조하고 회복하고 변화시키는 능력이 그 말속에 있습니다.

저는 이 책을 읽으면서 앞으로 내가 어떻게 자녀들, 손주들, 교우들, 사람들을 축복해야 하는지를 알게 되었습니다. 이 책은 저와 제 가족의 삶을 변화시킬 것입니다. 또한 이 책을 읽는 모든 분의 삶을 가장 극적으로 변화시킬 것입니다. 이 귀한 책을 추천하게 되어 큰 기쁨이요 영광입니다. 나는 확신합니다. 당신이 이 책을 펼치는 순간 축복이 시작될 것입니다.

김영련 목사 _ 미국 산호세 온누리교회 은퇴목사

추천의 글
제사장의 축도로 하루를 시작하라

　제가 존경하는 김원태 목사님과의 첫 만남은 「예수가 나의 주인이시다」라는 책을 통해서였습니다. 책을 펼치는 순간부터 마지막 페이지까지 손에서 놓을 수 없었습니다. 오늘날 신앙인에게 가장 필요한 핵심을 너무나도 명확하게 풀어주었기 때문입니다. 예수님을 진실로 믿는다는 것은 단지 구원자로 영접하는 것을 넘어 자기 인생의 주인으로 모시는 삶이라는 사실, 이 진리가 살아날 때 신앙은 관념의 틀을 넘어 실제 삶을 움직이는 힘이 됩니다. 이후 목사님과 만남을 통해 진정한 복음을 향한 열정을 더 깊이 확인할 수 있었습니다.

　「제사장의 축복 기도」 역시 마음 깊은 울림으로 다가왔습니다. 광야 생활은 이스라엘 백성만의 경험이 아닙니다. 오늘날 영적 광야를 지나는 모든 그리스도인에게도 익숙한 현실입니다. 이스라엘 백성이 제사장의 축복 기도를 삶의 원천 삼아 고통의 광야를 이겨낸 것처럼 우리 역시 이 기도를 통해 상황을 뛰어넘어 하나님을 바라보는 새로운 시각을 얻게 됩니다.

사실 이 기도를 가장 바라는 분은 우리 자신보다 우리를 축복하길 원하시는 하나님이십니다. 하나님 앞에 꿇는 무릎은 반드시 하늘에 쌓이는 축복의 열매로 나타난다는 것은 성경의 원리일 뿐 아니라 기도를 실제 삶에서 체험한 사람에게서 나오는 확신 있는 고백입니다. 모든 부모는 자녀를 축복할 권위를 지닌다는 강력한 메시지를 통해 모든 독자는 위로와 함께 책임을 느끼게 될 것입니다.

그런데도 저자는 축복 자체보다 복을 주시는 하나님께 더욱 마음을 기울이길 당부합니다. 제사장의 축복 기도를 매일 마음에 품고 자신과 타인을 위해 기도한다면 우리는 자연스럽게 모든 복의 근원이신 하나님을 더욱 사랑하고 의지하게 될 것입니다. 결국 땅 위의 삶에서 최고 축복이 하나님이라는 것을 발견하게 될 것이며, 그 하나님을 누리는 인생에서 진정한 만족과 기쁨을 얻는다는 사실도 깨닫게 될 것입니다. 이 책을 다 읽고 나면 제사장의 축복 기도로 하루를 시작할 아침이 기다려지고 우리가 축복할 사람과의 만남이 기대될 것입니다.

류응렬 목사 _ 와싱톤중앙장로교회 담임목사

추천의 글
성도여, 축도의 대가가 되라

"축복은 단순하다."
"그러나 축복은 강력하다."
"축복은 예언이다."
모두 「제사장의 축복 기도」에 실린 명언입니다.
저자 김원태 목사님은 이런 주옥과 같은 문장을 이 책 곳곳에 적어 두었습니다. 인용문이 아닌 저자 자신이 깨닫고 확신한 사실을 담아낸 표현들입니다. 그래서 무릎이 탁 쳐지고 나도 내 아내, 내 아이, 내 학생들을 더욱더 축복하고 싶은 열정이 솟게 합니다.
할수록 더욱 풍성해지는 축복의 삶. 왜 더 많이 축복하지 못했을까요? 일상이 힘들어서였을까요? 그러나 저자는 광야야말로 축복 기도가 빛을 발하는 곳이라고 알려줍니다. 하나님은 바로 광야에서 제사장의 축복 기도를 가르쳐 주셨기 때문입니다. 그 축복 기도가 이스라엘 민족으로 하여금 광야의 긴 여정을 견디게 했고 약속의 땅에 이르게 한 비결이었습니다. 매일 만나가 하늘에서 내리듯 이스라엘의 제사장은 매일 두 번 백성을 축복했습니다.

이제 그 축복 기도가 우리 가정, 우리 교회, 우리 땅을 감싸 안을 것을 생각하니 벌써 가슴이 벅찹니다. 그래서 저자의 글에 감사하며 그 권면에 동참합니다.

성도여, "축복의 대가가 되라."

박성현 교수 _ 미국 고든 콘웰 신학대학원 수석부총장

추천의 글
광야를 통과할 수 있는 비결

사람의 말에는 권세가 있습니다. 말은 사람을 살리기도 하고 죽이기도 합니다. 축복과 격려의 말을 듣고 자란 사람은 축복의 말처럼 자라납니다. 저주와 비난의 말을 듣고 자란 사람은 그 삶 또한 거칠어지는 경우가 많습니다. 그래서 말조심하라고 하지요. 말대로 된다고….

이스라엘 백성은 그들의 말 때문에 40년 동안 광야를 지나야만 했습니다. 광야는 거친 곳입니다. 광야는 두려운 곳입니다. 그러나 이스라엘 백성은 그런 거친 광야길을 마침내 통과했습니다. 많은 사람이 이스라엘 백성이 광야를 통과할 수 있었던 비결을 궁금해합니다. 김원태 목사님의 「제사장의 축복 기도」는 이 질문에 대한 답을

명쾌하게 내려줍니다. 바로 제사장의 축복 기도였습니다. 제사장을 통해 선포되는 축복 기도를 들은 이스라엘 백성은 눈앞에 펼쳐진 길고 어두운 터널 광야를 믿음으로 통과할 수 있었습니다.

"여호와는 네게 복을 주시고 너를 지키시기를 원하며 여호와는 그의 얼굴을 네게 비추사 은혜 베푸시기를 원하며 여호와는 그 얼굴을 네게로 향하여 드사 평강 주시기를 원하노라." 이 축복의 기도는 거친 광야를 걸어가야 할 마음의 불안과 두려움을 하나님이 함께하실 기대와 평안으로 바꾸어 주었습니다.

오늘을 살아가는 우리도 광야 같은 시대를 지나게 됩니다. 캄캄하며 막막한, 실패와도 같은 인생길을 걸어갈 때가 있습니다. 그때, 우리를 광야길 가운데서 지키며 홍해도 사막도 광야도 통과할 수 있도록 하는 그 비결이 무엇입니까? 축복의 말이요, 그 믿음의 말을 듣고 복을 주시는 복의 근원이신 하나님입니다.

탁월한 저술가이자 은혜로운 설교자인 김원태 목사님의 이 책 「제사장의 축복 기도」를 통해 거친 광야를 걸어가는 현대인들이 제사장의 축복대로 하나님의 은혜와 복을 누리시길 바라고, 광야길 끝에 펼쳐놓으신 약속의 땅 가나안으로 들어가서 하나님께서 예비하신 은혜와 복을 듬뿍 누리게 되길 바라며, 기쁜 마음으로 「제사장의 축복 기도」를 추천합니다.

박정곤 목사 _ 고현교회 담임목사

추천의 글

제사장의 기도 안에는
하나님의 소원이 담겨 있다

저자 김원태 목사님은 한국교회 린치핀과 같은 분입니다. 이분의 많은 저서를 보면 성경을 보는 남다른 눈이 있음을 볼 수 있습니다. 성경이 무엇을 말하고 계신가를 정확히 보고 독자들 삶에 적실하게 적용해 주는 메신저입니다.

제가 수지 기쁨의교회를 방문하여 집회를 인도한 적이 있습니다. 이분의 목회 현장은 매우 건강하였습니다. 주인 되신 예수님을 따르는 제자들로 가득하였습니다. 땅에 모든 족속에게 복이 되는 아브라함의 복을 누리는 자들이 많음을 보게 되었습니다.

저자가 다루고 있는 제사장의 축복 기도는 주기도문과 같은 기도문입니다. 이 기도 속에 하나님의 뜻이 있고 하나님 나라가 있고 하나님의 마음이 담겨 있습니다. 제사장의 축복 기도문을 보세요. "원하며, 원하며, 원하노라." 하나님의 소원이 담겨 있습니다. 하나님의 소원이 무엇입니까? 복입니다. 지켜줌입니다. 은혜입니다. 평강입니다.

'평강'이라는 단어는 창세기 1장에 가장 많이 등장하는 '좋았더라'(토브)가 아담과 하와가 범죄함으로 무너져 내렸을 때, 그 '좋았더라'(토브)를 회복하기 위해 축복의 언어로 등장한 단어 '샬롬'입니다. 제사장의 축복 기도가 대제사장 되신 예수님의 축복 기도이기도 합니다. "너희에게 평강이 있을지어다"(요 20:19,21). 그리고 오늘날 교회가 축복하는 기도이기도 합니다. 고린도후서 13장 13절을 보십시오. "주 예수 그리스도의 은혜와 하나님의 사랑과 성령의 교통하심이 너희 무리와 함께 있을지어다."

이처럼 제사장의 축복 기도 안에 하나님의 소원이 담겨 있습니다. 이 책을 통해 많은 독자가 하나님의 마음을 만나게 될 것입니다. 독자를 향한 하나님의 소원을 경험하게 될 것입니다. 김원태 목사님의 책은 쉬우면서도 재미 있고 가슴이 뜨거워지는 감동이 있습니다. 많은 분이 이 책을 통해 하나님의 소원을 풍성히 누리시게 될 것을 기대하면서 기쁘고 설레는 마음으로 추천합니다.

백동조 목사 _ 목포사랑의교회 담임목사

추천의 글
아론의 축복을 나누는 자가 되길

'아론의 축복'은 구약의 대표적인 축복의 말씀으로 개인적으로 2백 번 이상 히브리어로 족자에 써서 선물했으며 또한 축도 때마다 하는, 구약성경에서 대표적인 축복의 말씀입니다.

이번에 김원태 목사님의 「제사장의 축복 기도」 책을 보고 깜짝 놀랐습니다. 이 본문을 이렇게 깊이 있게, 본문의 의미를 잘 적용하는 탁월함을 보면서 역시 훌륭한 목회자는 다르다고 생각하였습니다. 말씀에는 정말 놀라운 능력이 있는데 이 '아론의 축복'의 말씀을 목회적 삶으로 잘 녹여내서 모든 분이 이 축복을 누리게 하시는 목회자의 열정에 또한 놀랐습니다.

우리 삶에서 이 '축복 기도'가 이렇게 간절하고 능력 있고 힘 있는 말씀임을 다시 한번 이 책을 읽으면서 되새겨 보았습니다. 목사님의 이 귀한 책을 추천하게 되어 감사드리고 목사님의 책을 읽으면서 제가 가지지 못한 귀한 열정을 느낍니다.

이런 면에서 이 책을 모든 그리스도인께 적극적으로 추천합니다. 모든 분이 이 책을 읽으셔서 우리에게 주어진 귀한 '아론의 축복'의 삶을 깨닫고 이러한 은혜를 모든 사람과 함께 나누는 자가 되기를 소원해 봅니다.

이학재 교수 _ 미국, Covenant University 부총장

추천의 글

하나님이 너를 뿌려 주신 데서
꽃을 피워라

　김원태 목사님을 처음 만난 것은 밀레니엄이 시작되는 해였습니다. 부산 수영로교회에 전도 초청강사로 오셨는데 강단에서 선포하시는 메시지는 불이었습니다. 처음으로 교회에 오신 분들뿐만 아니라 그분들을 초대하신 성도들 모두 목사님의 말씀에 눈시울이 뜨거워지면서 예수 그리스도를 영접하기 시작했습니다. 이후 코스타 집회, 미국, 영국, 호주 집회에서 수많은 젊은이가 목사님의 메시지를 듣고 바닥에 무릎을 꿇고 통곡하는 장면들을 지켜보았습니다. 목사님의 메시지에는 하나님의 사랑과 눈물이 배어 있었습니다.

　김 목사님께서 '제사장의 축복 기도'라는 제목의 원고를 보내주셨습니다. 제목부터 너무 신선하여 앉은 자리에서 다 읽었습니다.

야베스의 기도는 우리가 많이 들어왔지만 제사장의 축복 기도는 생소했습니다. 원고를 읽으면서 가슴에 팍 안기는 감동을 받게 되었습니다. 하나님의 율법을 받은 이스라엘 백성이 광야의 삶을 시작하면서 하나님은 제사장에게 이스라엘 백성을 이렇게 축복하라고 직접 말씀해 주셨습니다. 제사장의 축복 기도는 절기 때만 아니라 매일 드리는 상번제, 안식일, 예배 때마다 이스라엘 백성을 향해 축복하라고 말씀하신 기도입니다.

이스라엘 백성은 한 번도 가보지 않은 땅을 가게 되고 누구도 알지 못하는 땅으로 나아가게 됩니다. 두려움이 가득한 그들에게 제사장의 축복 기도를 통해 평안함으로 나아가기를 기도하고 있습니다. 광야에서 더위와 추위, 갈증과 허기가 순간순간 다가오지만 하나님은 어떤 환경에서도 그 백성을 축복하시며 지켜주시고 은혜를 베푸시고 평강 주시기를 원하시는 하나님이심을 알게 하라고 말씀하십니다.

제사장의 축복 기도는 단지 이스라엘에게만 해당하지 않고 새로운 이스라엘 백성이 된 우리 모두에게 동일하게 약속하시고 있습니다. 가정에서, 직장에서, 학교에서, 사회에서, 국가에서 하루의 삶을 시작할 때마다 제사장의 축복 기도를 간직하고 살아가는 신실한 크리스천이 되기를 기뻐하십니다.

유럽에서 이민 목회를 하는 저도 제사장의 축복 기도가 모든 성도의 마음에 더욱 깊이 새겨지기를 사모합니다. 외국에서의 삶은 늘

긴장이 떠나지 않습니다. 어느 때는 익숙해진 것 같은데 어느 때는 모든 것이 새롭습니다. 언제나 낯설고 어설픈 모습이 반복됩니다. 그때마다 제사장의 축복 기도를 통해 변함없이 그 백성을 축복하신 하나님의 약속을 기억하며 살아가기를 소망합니다.

본문에서 말씀하시는 것처럼 "하나님이 너를 뿌려주신 데서 꽃을 피워라"(Bloom where God has planted you). 제사장의 축복 기도를 통해 하나님이 우리를 세워주신 그 자리에서 아름다운 꽃을 피우고 열매를 맺기를 축복합니다.

송영호 목사 _ 밀라노 은혜교회 담임목사

프롤로그

축복은 절대로 없어지거나
사라지지 않는다

주일 아침, 교회 강단 화면에 펼쳐진 민수기 6장에 나오는 말씀이 내 마음에 따뜻하게 다가왔다.

"여호와는 네게 복을 주시고 너를 지키시기를 원하며 여호와는 그의 얼굴을 네게 비추사 은혜 베푸시기를 원하며 여호와는 그 얼굴을 네게로 향하여 드사 평강 주시기를 원하노라 할지니라 하라"(민 6:24-26).

나는 위에 기록된 이 제사장의 축복 기도가 주는 힘에 압도당하였다. 그래서 이 말씀을 한참 동안 쳐다보면서 그 자리에 가만히 앉아 있는데 말할 수 없는 큰 평안이 밀려왔다. 집으로 돌아와 이 말씀을 깊이 살펴보았다. 나는 이 제사장의 축복 기도를 살펴보면서 이 축도는 참으로 놀라운 기도라는 것을 알게 되었다.

제사장의 축복 기도는 성경에 나오는 예수님께서 가르쳐 주신 주기도문(마 6:9-13), 모세의 중보기도(출 32:31-32), 다윗의 참회기도(시 51), 야베스의 기도(대상 4:9-10)에 비해 잘 알려지지 않았다. 하지만 이 제사장의 축복 기도는 그 어떤 기도보다 중요하다. 왜냐하면 하나님께서 이 기도를 하도록 명령하셨기 때문이다. 나는 하나님께서 이 제사장의 축도를 제사장들에게 매일 하라고 명령하신 이유가 무엇인지 생각해 보았다.

첫 번째, 제사장의 축복 기도는 광야길을 통과하는 이스라엘 백성에게 꼭 필요한 것이다.

이 제사장의 축복 기도는 출애굽 한 이스라엘 백성이 광야길을 떠날 때 하나님께서 이스라엘 백성을 위해 매일 축복하라고 하신 명령이다. 이 제사장의 축복 기도는 구약 이스라엘 백성에게만 필요한 것이 아니다. 제사장의 축복 기도는 오늘날 우리에게도 꼭 있어야 하는 정말 중요한 기도다. 왜냐하면 오늘날 우리 삶도 광야길과 비슷하기 때문이다.

이스라엘 백성이 광야길을 무사히 통과한 비결은 제사장의 축복 기도에 있었다. 그러므로 광야와 같은 험한 인생을 사는 우리 모두에게 이 제사장의 축복 기도는 꼭 필요하다.

두 번째, 제사장의 축복 기도는 개인을 위한 기도가 아니고 이스라엘 공동체를 위해 꼭 필요한 것이다.

공동체 없이 내가 존재할 수 없다. 가족 없이, 나라 없이 내가 존재할 수 없다. 현대인은 이기심이 강한 자들이기에 자신을 위한 기도에는 열심을 낸다. 그래서 야베스의 기도는 꽤 큰 인기를 얻었고 지금도 집집마다 야베스의 기도를 벽에 걸어 두곤 한다. 그러나 정말 중요한 이 제사장의 기도는 좀 소외된 경향이 있다. 타인을 위한 축복 기도인 제사장의 축도는 오늘날 현대인에게는 그 어떤 기도보다 중요하다.

제사장의 축복 기도는 영적인 제사장이라고 말하는 우리가 매일 해야 하는 아주 중요한 기도다. 이 제사장의 축복 기도가 쌓여 있는 가족, 교회, 나라는 망하지 않는다. 위대한 인생은 '나'라는 감옥에서 빠져나올 때 시작된다.

세 번째, 제사장의 축복 기도는 꼭 구약시대의 제사장만 하는 것이 아니라 예수를 믿는 모든 사람이 해야 한다.

예수를 주인으로 모신 자는 누구든지 '왕 같은 제사장'이며 모든 사람을 축복할 수 있다. 특별히 아버지는 자녀를 축복할 위치에 있다. 많은 부모가 '나는 자녀를 축복할 자격이 없다'라고 생각하며 이 제사장의 축복 기도를 하지 않는다. 그러나 모든 아버지는 자녀를 축복할 의무가 있다. 이것은 아버지의 영성 문제가 아니라 아버지의 위치 문제다. 만약 자녀를 위해 축복할 수 있는 아버지의 자격을 따진다면 그 누구도 자녀를 축복할 수 없을 것이다. 하지만 아버지라는 위치로 아버지는 자녀를 축복할 수 있는 자격을 가진다.

모든 아버지가 제사장의 축복 기도로 자녀들이 탁월한 인생을 살도록 돕길 권면한다. 이 책은 제사장의 축복 기도를 매일 하는 사람에게 오는 놀라운 기적을 모두 경험하도록 도울 것이다. 축복 기도는 절대로 없어지거나 사라지지 않는다. 축복 기도는 하늘에 쌓인다. 부모가 자녀에게 줄 수 있는 최고의 선물은 자녀를 위해 축복 기도를 쌓아 주는 것이다. 우리가 만나는 모든 사람에게 줄 수 있는 최고의 선물도 그들에게 축복 기도를 해주는 것이다. 이 세상에 축복이 필요하지 않은 사람은 없다.

축복이라는 단어는 정말 위대한 단어다. 당신의 마음에 축복이라는 단어를 붙잡으라. 당신은 축복을 받은 사람이고 또 축복을 할 사람이다. 이 책을 통해 매일 위로부터 부어지는 축복을 누리는 사람이 되고 또 주변 사람들에게 축복을 주는 사람이 되길 바란다.

글쓴이 김원태

C·O·N·T·E·N·T·S
차 례

추천의 글 _ 제사장의 기도 안에는 하나님의 소원이 담겨 있다 · 005
프롤로그 _ 축복은 절대로 없어지거나 사라지지 않는다 · 020

| Section 1 |

왜 제사장의 축복 기도인가? · 027

모든 복은 여호와 하나님에게서 나온다 / 하나님은 복을 주려고 하신다
멜기세덱 축복 기도 / 노아의 축복 기도 / 이삭이 야곱과 에서에게 한 축복 기도

| Section 2 |

광야길을 축복 기도로 지나가라 · 063

제사장의 축도는 복을 주고 지키시길 원한다는 것이다
제사장의 축도는 은혜 베푸시기를 원한다는 것이다
제사장의 축도는 평강 주시기를 원한다는 것이다

| Section 3 |

하나님은 왜 우리가 광야길을 걷게 하시는가? · 093

하나님의 백성이 낮아지길 원하신다
하나님의 백성이 하나님의 말씀에 순종하길 원하신다
하나님의 백성이 하나님을 향한 절대 믿음을 갖길 원하신다
하나님의 백성에게 복 주시길 원하신다

| Section 4 |

축복의 대가가 되라 • 129

당신은 축복받은 하나님의 제사장이다
당신은 축복을 주는 통로이다

| 특별수록 1 |

제사장의 축복 기도, 이렇게 하라 • 163

나 자신을 위한 축복 기도 / 가족을 위한 축복 기도
교회를 위한 축복 기도 / 나라를 위한 축복 기도

| 특별수록 2 |

제사장의 축복 기도 체험기 • 181

"
여호와께서 모세에게 말씀하여 이르시되 아론과 그의 아들들에게 말하여 이르기를
너희는 이스라엘 자손을 위하여 이렇게 축복하여 이르되
여호와는 네게 복을 주시고 너를 지키시기를 원하며
여호와는 그의 얼굴을 네게 비추사 은혜 베푸시기를 원하며
여호와는 그 얼굴을 네게로 향하여 드사 평강 주시기를 원하노라 할지니라 하라.
그들은 이같이 내 이름으로 이스라엘 자손에게 축복할지니
내가 그들에게 복을 주리라. 민수기 6:22-27.
"

S·E·C·T·I·O·N 1

왜 제사장의
축복 기도인가?

S·E·C·T·I·O·N·1
왜 제사장의 축복 기도인가?

　결혼식장에 가면 '꽃길만 걸으세요' 라는 문구가 있다. 그러나 살아보면 인생은 꽃길만 펼쳐지지는 않는다. 원하지 않는 고난의 길, 거친 광야길이 심심치 않게 나타난다.

　성경의 무대인 이스라엘은 국토의 60%가 광야다. 대표적으로 이스라엘 남부에 있는 네게브 광야, 사해 서쪽에 있는 유대 광야, 사해 남쪽에 있는 아라바 광야가 있다. 그 외에도 시나이 광야, 신 광야, 바란 광야 등이 있다. 그만큼 광야가 많다는 것이다.

　구약성경에 광야라는 단어는 270번 나온다. 광야는 거친 땅, 빈 들, 사막, 불모지를 포함한다. 광야의 특징은 아무것도 없다는 것이다. 광야에는 논밭도 없다. 곡식을 수확하기 위해 씨앗을 뿌릴 곳도 없다. 광야에는 마실 물도 없다. 광야는 모래와 돌로 덮여 있어서 나무 한 그루, 풀 한 포기조차도 구경하기 쉽지 않다.

특별히 광야는 낮과 밤의 기온 차가 심한 곳이다. 낮에는 뜨거운 햇볕으로 섭씨 50도까지 올라가고 밤에는 영하 10도로 내려간다. 평범한 사람이 광야에서 노숙한다면 그냥 일사병이나 저체온증으로 죽게 된다.

이스라엘 백성의 출애굽 이후 40년 광야 생활을 기록한 책이 민수기다. 우리가 보고 있는 한글 개역개정성경과 라틴역은 백성들의 숫자를 강조해서 제목을 민수기로 정하였지만 맛소라 사본에서는 히브리어 원어대로 '베미드바르', 즉 '광야에서'로 정하였다. 민수기는 맛소라 사본에서 정한 제목 그대로 이스라엘 백성이 광야에서 생활한 것을 모두 기록하고 있다.

민수기 6장에 나오는 제사장의 축도는 광야 생활과 밀접한 관계가 있다. 이스라엘 백성은 430년 동안 애굽의 노예로 살다가 출애굽 뒤 두 달에 걸쳐 시내산에 도착하였다.

"이스라엘 자손이 애굽 땅을 떠난 지 삼 개월이 되던 날 그들이 시내 광야에 이르니라"(출 19:1).

"삼 개월 되던 날"은 시내산까지 오는 데 두 달 걸렸음을 말한다. 이스라엘 백성은 애굽의 라암셋에서 1월 15일 출발하여(출 12:37, 민 33:3) 시내산에 3월 15일에 도착하였다(출 19:1). 이스라엘 백성은 시내산 기슭에 텐트를 치고 정착하였다. 모세는 시내산 위에 올라가 하나님으로부터 십계명을 받았고 이스라엘 백성에게 그 십계명을 중심으로 율법을 전하였다.

이스라엘 백성이 시내산 기슭에 머문 지 11개월 5일이 지난, 출애굽 한 그다음 해 둘째 달 20일에 하나님께서 이스라엘 백성에게 시내산을 떠나 광야를 향해 가라고 말씀하신다.

"둘째 해 둘째 달 스무날에 구름이 증거의 성막에서 떠오르매"(민 10:11).

이스라엘 백성이 광야길로 떠나는 것은 하나님께서 허락하신 것이다. 하나님은 광야길을 떠나기 전에 먼저 이스라엘 백성의 인구를 조사하게 하셨다.

"너희는 이스라엘 자손의 모든 회중 각 남자의 수를 그들의 종족과 조상의 가문에 따라 그 명수대로 계수할지니"(민 1:2).

민수기 1~4장까지 인구조사를 하였고 5~8장까지는 광야 행군을 위해 준비하였다. 그리고 민수기 9장에서 유월절 제사를 드렸고 그다음 민수기 10장에서 광야 행진을 시작하였다. 민수기 6장에 나오는 제사장의 축복 기도는 광야를 떠나는 이스라엘 백성을 위해 하나님께서 제사장들에게 명령하신 것이다.

하나님께서 광야 행진 직전에
제사장의 축도를 하게 하신 이유가 무엇인가?
하나님께서는 이 제사장의 축복 기도가 있어야
광야길을 잘 갈 수 있다는 것을 아시고
제사장의 축복 기도를 하게 하신 것이다.

과거 이스라엘 백성은 출애굽하여 시내산에 오기까지 두 달 동안 광야를 통과한 적이 있다. 그때는 출애굽의 기대와 설렘도 있었다. 그런데도 그 짧은 두 달의 광야 행진이 힘들다고 모세를 원망하였고 물이 없을 때는 모세를 돌로 쳐 죽이려고도 하였다. 그렇게 힘들게 통과한 광야길을 또다시 떠난다는 것은 결코 쉬운 일이 아니다. 광야 행진에 앞서 그들의 마음에는 불안과 두려움이 가득하였다. 하나님은 이런 이스라엘 백성의 마음을 너무나 잘 아시기에 광야길을 떠나는 이스라엘 백성에게 제사장의 축복 기도를 받게 하였다.

당신의 인생길 앞에 광야가 펼쳐져 있는가? 오늘날 현대인의 광야란 여러 가지가 포함된다. 모든 사람이 떠나고 홀로 있을 때, 갑작스러운 질병으로 낙심이 될 때, 가지고 있던 돈이 다 바닥났을 때, 회사에서 쫓겨났을 때, 믿었던 사람에게 배신당했을 때, 모든 사람이 비난할 때, 사랑하는 사람과 헤어졌을 때, 내일에 대한 아무런 희망이 보이지 않을 때….

평범한 사람은 광야길이 펼쳐져 있으면 불안해하고 두려워한다.

어쩌면 광야 앞에서 두려워하는 것은 당연한 일일 수 있다. 그러나 하나님께서 허락하신 광야라면 두려워하지 않아도 된다. 나에겐 방법이 없어 보일지 몰라도 하나님께는 다 계획하심이 있다.

> 우리에게 나타나는 모든 광야길은
> 하나님께서 허락하신 것이다.
> 참새 한 마리가 땅에 떨어지는 것도
> 다 하나님의 허락하심이 있어야 한다.

"참새 두 마리가 한 앗사리온에 팔리지 않느냐. 그러나 너희 아버지께서 허락하지 아니하시면 그 하나도 땅에 떨어지지 아니하리라"(마 10:29).

하나님께서 허락하신 광야에는 하나님의 선한 계획이 있음을 믿고 당당하게 지나가야 한다.

하나님이 쓰신 인물들은 다 광야의 길을 갔다. 모세는 애굽 왕자로 있다가 사람을 죽이고 도망쳐 미디안 광야에서 40년을 지냈다. 다윗은 골리앗을 죽인 후 사울 왕의 시기심으로 인해 사울 왕을 피해 13~14년을 광야에서 숨어 지냈다. 예수님은 공생애를 시작하기 전 40일 동안 광야에서 지냈다. 세례요한은 어린 시절에 부모를 떠나 광야로 가서 메뚜기와 석청을 먹으며 지냈고 평생을 '광야의 소리'로 지냈다. 사도 바울도 부활하신 예수님을 만난 후 아라비아 광야로 가서 2~3년을 지냈다.

그러면 하나님은 왜 우리를 광야의 길로 초대하시는가? 하나님은 광야를 통해 하나님의 살아 계심을 생생하게 경험하게 하고 하나님과 친밀감을 가지게 한다. 당신의 인생에 광야가 펼쳐졌는가? 놀라거나 불안해하거나 두려워하지 말라. 광야가 시작될 때 우리가 명확히 알아야 할 것은 분명 우리를 도우시는 하나님이 계신다는 사실이다.

이스라엘 백성에게 시내산을 떠나 광야로 떠나라 말씀하신 하나님에게는 분명한 대안이 있었다. 그 대안은 바로 제사장의 축복 기도이다.

우리에게도 광야를 잘 지나갈 수 있는 비결이 있다.
그것은 매일 제사장의 축복을 마음에 품고
그 축복을 믿고 나아가는 것이다.

하나님께서는 시내산을 떠나 다시 광야로 출발하는 이스라엘 백성에게 매일 '제사장의 축복 기도'를 하라고 하셨다. 하나님은 쓸데없는 일을 하라고 명령하시지 않는다. '제사장의 축복 기도'는 광야 길을 떠나는 이스라엘 백성에게 꼭 필요한 것이었다. 그들과 마찬가지로 오늘날 광야와 같은 인생길을 가는 우리에게도 가장 필요한 것은 하나님의 축복이다.

제사장의 축복 기도는 한 번으로 끝나는 것이 아니라 제사 드릴 때마다 하는 것이다. 참고로 이스라엘의 가장 중요한 3대 절기로 유월절, 칠칠절, 초막절이 있다. 초막절은 일주일 지속된다. 절기 때마다 제사를 드리고 매달 첫날에는 월삭 제사를 드린다. 그리고 매주 드리는 안식일 제사, 매일 상번제로 아침과 저녁, 두 번의 제사가 있었다. 결국 이스라엘 백성은 매일 하루 두 번 제사장들의 축복 기도를 받았다.

사람의 죽고 사는 것이 말에 달려 있다(잠 18:21)고 했는데 매일 축복 기도를 받고 마음에 기대를 품고 사는 사람과 불안과 두려움으로 사는 사람의 삶은 완전히 다른 인생이 된다. 오늘날 예배 순서에 축도를 넣은 것은 사람이 만든 것이 아니라 하나님의 명령이다.

제사장의 축복 기도는 히브리말로 '비르카트 코하님'이다. 우리가 히브리말은 잘 모른다고 하여도 '비르카트 코하님'이라는 단어 하나는 외워보자. 이스라엘 백성은 매일 이 제사장의 축복 기도를 들었기에 다 외운다. 우리도 이 제사장의 축복 기도를 다 외우길 바란다. 하나님께서 모세에게 '제사장의 축복 기도'를 가르쳐 주시기 전에 하신 말씀을 먼저 보자.

"여호와께서 모세에게 말씀하여 이르시되 아론과 그의 아들들에게 말하여 이르기를 너희는 이스라엘 자손을 위하여 이렇게 축복하여 이르되"(민 6:22-23).

'아론과 그의 아들들'은 이스라엘의 제사장들을 말한다. 하나님은 제사장들에게 이스라엘 백성을 향하여 이렇게 축복하라고 말씀하신다. '축복'이라는 단어는 히브리어로 '바라크'인데 이는 '무릎을 꿇는다'라는 뜻이다. '무릎을 꿇는다'는 말과 '축복'이라는 말은 같이 사용된다. 우리가 하나님 앞에 무릎 꿇고 기도하는 것은 축복을 구하는 것이다. 당신은 새로운 출발을 하기 전에 하나님의 놀라운 축복을 받기 원하는가? 그렇다면 모든 것을 내려놓고 겸손히 무릎을 꿇고 기도하길 바란다.

기도가 쌓이면 축복이 쌓이는 것이다. 하나님은 기도하는 자에게 은혜 베풀어 주시는 분이다. '축복하여'라는 동사는 능동태 미완료시제다. 이 제사장의 축복은 제사장이 이스라엘 백성에게 한 번만 하는 것이 아니라 계속, 계속, 계속하라는 뜻이다.

당신의 자녀들이 잘되길 원하는가?
무엇보다도 자녀를 위해 매일 축복 기도를 쌓으라.
기도가 쌓인 자녀는 절대로 망하지 않는다.
기도가 쌓인 가정은 절대로 망하지 않는다.
기도가 쌓인 교회는 절대로 망하지 않는다.
기도가 쌓인 나라는 절대로 망하지 않는다.

무릎 꿇는 그 장소가 축복의 장소이고
무릎 꿇는 그 시간이 축복이 시작되는 시간이다.

지금도 이스라엘 사람들은 새해가 되면 이 제사장의 축복 기도를 받으려고 통곡의 벽에 발 디딜 틈도 없이 구름떼처럼 몰려든다. 또 이스라엘 사람들은 전쟁이나 테러가 일어나면 모든 국민이 다 모여 이 제사장의 축복 기도를 받는다. 이렇게 이스라엘 사람들이 중요하게 여기는 제사장의 축복 기도를 당신도 외우는 마음으로 한번 읽어보라.

"여호와는 네게 복을 주시고 너를 지키시기를 원하며 여호와는 그의 얼굴을 네게 비추사 은혜 베푸시기를 원하며 여호와는 그 얼굴을 네게로 향하여 드사 평강 주시기를 원하노라 할지니라 하라"(민 6:24-26).

제사장의 축복 기도에는 세 가지 축복이 나온다.
첫 번째, 여호와는 네게 복을 주시고 너를 지키시길 원한다.
두 번째, 여호와는 그의 얼굴을 네게 비추사 은혜 베푸시기를 원한다.
세 번째, 여호와는 그 얼굴을 네게로 향하여 드사 평강 주시기를 원한다.

이 세 가지 복을 자세히 보면 공통으로 되풀이되는 단어가 두 가지 있다. 첫 번째는 '여호와'이고 두 번째는 '주신다'는 것이다.

[모든 복은 여호와 하나님에게서 나온다]

이 세 가지 복은 모두 다 여호와 하나님에게서 나온다.

"여호와는 네게 복을 주시고 너를 지키시기를 원하며 여호와는 그의 얼굴을 네게 비추사 은혜 베푸시기를 원하며 여호와는 그 얼굴을 네게로 향하여 드사 평강 주시기를 원하노라 할지니라 하라"(민 6:24-26).

여호와는 네게 복을 주시고 여호와는 은혜 베푸시고 여호와는 평강 주신다고 말한다. 이 세상의 모든 복은 다 여호와 하나님에게서 나온다.

'여호와' 라는 이름의 뜻은 스스로 계신다는 말이다(출 3:14). 모든 것의 결과에는 원인이 있다. 축복이 나오는 곳은 스스로 계시는 하나님으로부터. 하나님이 축복의 원인이라는 말이다. 조금만 생각해 보면 우리가 가진 모든 복은 하나님께서 주신 것이 너무나 분명하다. 우리가 이 땅에 태어남이 초자연적인 하나님의 축복이다.

"주께서 내 내장을 지으시며 나의 모태에서 나를 만드셨나이다"
(시 139:13).

내가 한국에 태어난 것, 내가 선택한 것이 아니다. 하나님께서 나를 한국에 태어나게 하신 것은 큰 축복이다. 남자나 여자로 태어난 것도 초자연적인 하나님의 축복이다.

"하나님이 자기 형상 곧 하나님의 형상대로 사람을 창조하시되 남자와 여자를 창조하시고"(창 1:27).

예수를 믿는 것도 우리가 선택한 것이 아니다. 하나님께서 우리에게 주신 초자연적인 하나님의 축복이다.

"너희가 나를 택한 것이 아니요. 내가 너희를 택하여 세웠나니"(요 15:16).

우리가 가진 은사, 달란트, 재능, 그것도 우리 것이 아니다. 하나님께서 주신 축복이다. 세상 사람들도 재능은 태어날 때 타고난다고 말한다. 부유함도 하나님께서 주신 축복이다.

"부와 귀가 주께로 말미암고 또 주는 만물의 주재가 되사 손에 권세와 능력이 있사오니 모든 사람을 크게 하심과 강하게 하심이 주의 손에 있나이다"(대상 29:12).

세상의 큰 권세도 하나님께서 주신 축복이다.

"권세는 하나님으로부터 나지 않음이 없나니 모든 권세는 다 하나님께서 정하신 바라"(롬 13:1).

우리가 가진 건강 또한 우리 것이 아니다. 하나님께서 건강을 주신 것이다. 우리가 가진 약한 것도 하나님께서 선물로 주신 것이다.

"내가 약한 그 때에 강함이라"(고후 12:10).

특별히 당신이 가진 '약한 것도 은혜'라는 사실을 안다면 당신은 정말 큰 복을 받은 것이다. 나는 태어날 때부터 약한 몸을 가지고 태어났다. 그래서 매일 하나님께 매달려 기도하는 큰 믿음을 가지게 되었다. 우리가 존재하는 모든 것이 다 하나님의 것이다.

"우리가 그를 힘입어 살며 기동하며 존재하느니라"(행 17:28).

과거와 현재의 모든 것이 다 하나님이 주신 축복이라면 앞으로 미래에 내 인생에 나타날 모든 축복도 하나님에게서 나오는 것이다. 당신은 미래에 큰 축복 받기를 원하는가? 모든 축복의 시작이 되고 축복의 원인이 되시는 하나님께 겸손하게 무릎을 꿇고 엎드려 기도하라. 만약 당신이 스스로 기도하는 시간을 갖지 않는다면 하나님의 축복이 없는 초라한 인생을 살고 있는 것이다. 인생의 모든 복이 하나님에게서 나오는데 하나님의 도움을 구하는 기도를 하지 않는 것은 정말 어리석은 일이다.

> 하나님의 도움 없이 자기 힘으로만 사는 인생은
> 그 자체가 비극이다. 모든 복의 근원은 하나님이다.
> 무엇보다도 하나님 자체가 복이라는 것을 알아야 한다.

> "내가 여호와께 아뢰되 주는 나의 주님이시오니 주밖에는 나의 복이 없다 하였나이다"(시 16:2).

[하나님은 복을 주려고 하신다]

제사장의 축복 기도를 자세히 보면 하나님께서 복을 주려고 하신다고 말한다.

"여호와는 네게 복을 주시고 너를 지키시기를 원하며 여호와는 그의 얼굴을 네게 비추사 은혜 베푸시기를 원하며 여호와는 그 얼굴을 네게로 향하여 드사 평강 주시기를 원하노라 할지니라 하라"(민 6:24-26).

참고로 여기 '원한다'는 말은 원어에는 없는 첨가된 말이다. 원어대로 직역한다면 "여호와께서 복을 주시고 너를 지키시길… 은혜 베푸시길… 평강 주시길 바란다"라는 뜻이다. '원하며… 원하며… 원하노라' 는 제사장이 비는 것이다.

이렇게 제사장에게 너를 지키시길… 은혜 베푸시길… 평강 주시길 원하노라고 기도하게 하신 분이 하나님이시다. 즉 하나님께서 우리에게 복을 주시길 원하시는 것이다. 하나님께서 우리에게 복을 주시려고 하는 것은 하나님의 본심이다. 우리 인생에 고난이 나타나는 것은 하나님의 본심이 아니다.

"주께서 인생으로 고생하게 하시며 근심하게 하심은 본심이 아니시로다"(애 3:33).

우리 육신의 아버지가 자녀에게 잘해주고 싶은 것은 당연한 아버지의 본심이다. 하나님은 우리 육신의 아버지보다 천배 만배나 더 좋으신 분이시기에 우리에게 복을 주시려는 것은 당연하다. 그러면 왜 우리는 하나님이 주시려고 하는 그 복을 받지 못하는가? 그것은 우리가 광야길을 갈 생각을 하면 지레 겁먹고 불안과 저주를 초청하기 때문이다.

욥기를 보면 욥은 평소에 늘 두려움을 초대하였던 것을 알 수 있다. 욥은 그의 인생에 큰 고난이 왔을 때 두려운 일이 임했다고 말한다.

"내가 두려워하는 그것이 내게 임하고 내가 무서워하는 그것이 내 몸에 미쳤구나. 나에게는 평온도 없고 안일도 없고 휴식도 없고 다만 불안만이 있구나"(욥 3:25-26).

아무리 의롭게 산 욥이라도 그가 평소에 두려움을 생각하고 무서움을 생각하여 그 두려움과 무서움을 초대하며 살았다는 것이 그의 인생에 큰 실수다. 인생 자체를 두려워하지 말라. 무서워하지도 말라. 불안해하지도 말라. 하나님은 우리에게 복을 주려고 하는 좋으신 분이다. 당신이 앞서서 두려워하면 그 두려움에 사탄이 집을 짓는다. 당신은 내일에 대해 두려워하기보다 복을 주실 하나님을 믿고 내일을 기대하며 살아야 한다.

당신의 인생에 생각지 않았던 두려운 일이 생기면
두려움을 붙잡지 말고 그냥 지나가게 하라.

두려워하면 사탄이 역사하고
기대하면 성령 하나님께서 역사하신다.

　우리가 내일을 기대해야 할 근거는 하나님께서 우리게 축복을 주려고 하신다는 것이다.
　영동세브란스 병원에 대장암 전문의인 이희대 교수는 30년 동안 암 환자들을 도우며 살았다. 그는 자기의 책 「희대의 소망」에서 암 환자가 죽는 것은 질병 때문이 아니라 암에 대한 공포와 두려움 때문이라고 말한다.
　당신 인생 최고의 적은 당신이 먼저 염려하고 걱정하고 두려워하는 것이다. 당신을 이 땅에 태어나게 하신 분은 하나님이시다. 당신을 이 땅에 태어나게 하신 하나님은 망하게 하려고 하심이 아니라 쓰시려고 태어나게 하셨다.
　하나님께서 당신을 이 땅에 보내실 때는 하나님의 특별한 계획이 있다. 당신은 그 하나님의 특별한 계획을 이룰 자이다. 그러므로 당신 인생에 광야길이 나타나는 것에 대해 두려워하지 말고 하나님께서 축복을 주길 원하시는 것을 믿고 가야 한다. 비록 광야길이 펼쳐진다 해도 하나님은 당신이 모르는 특별한 계획을 가지고 계신다.
　당신이 대학생인가? 대학 졸업 이후에 대해 두려워하지 말고 기대하라. 유학을 준비하는가? 유학 생활을 두려워하지 말고 기대하라. 결혼을 앞둔 자인가? 결혼 이후를 두려워하지 말고 기대하라.

당신이 은퇴를 앞두고 있는가? 은퇴 이후를 두려워하지 말고 기대하라. 하나님은 당신의 미래에 복을 주려고 하신다.

"여호와의 말씀이니라. 너희를 향한 나의 생각을 내가 아나니 평안이요 재앙이 아니니라. 너희에게 미래와 희망을 주는 것이니라"(렘 29:11).

혹시라도 당신의 마음에 미래에 대한 염려가 생겼다면 염려 목록을 기도 목록으로 바꾸고 기도하고 기대를 품고 살라.

어떤 분이 죽어 천국에 갔는데 천사가 그의 이름이 쓰인 큰 창고로 데려갔다. 그 창고 안에는 풀지 않은 보자기가 가득하였다. 그는 천사에게 저 보자기들을 무엇이냐고 물었다. 천사는 그 보자기 안에는 각양 좋은 선물이 가득 들어 있다고 말했다.

그는 "아니, 어찌 저 선물들은 왜 내가 땅에 있을 때 풀어주시지 않고 이 천국에 고스란히 묶여 있느냐?"고 물었다. 천사는 "그것은 원래 하나님께서 당신이 땅에 있을 때 주시고자 한 선물인데 당신이 구하지 않아서 풀어주시지 못한 것"이라고 말했다. 이 말이 진짜일까?

성경은 우리가 하나님께서 예비해 주신 그 선물을 받지 못한 것은 하나님께서 그 선물을 주실 것을 기대하지 않았기 때문이고 또 구하지 않아서라고 말씀하신다.

"너희가 얻지 못함은 구하지 아니하기 때문이요"(약 4:2).

당신은 하나님께서 예비하신 풍성한 축복을 받길 원하는가? 그렇다면 하나님께서 축복을 주실 것을 믿고 기대하고 구하라.

"구하라. 그리하면 너희에게 주실 것이요 찾으라. 그리하면 찾아낼 것이요 문을 두드리라. 그리하면 너희에게 열릴 것이니"(마 7:7).

다시 말한다. 우리가 하나님의 축복을 얻지 못하는 것은 하나님이 우리에게 축복을 주신다는 것을 믿지 않기 때문이다. 하나님은 우리에게 복을 주시고 우리를 지켜주시길 원하신다(민 6:24). 하나님은 우리에게 은혜 베푸시길 원하신다(민 6:25). 하나님은 우리에게 평강 주시길 원하신다(민 6:26).

이스라엘은 지구상에 있는 그 어떤 나라보다 하나님의 축복을 받은 나라다. 이스라엘이 축복받은 나라의 대명사라면 그 이름의 시작을 알아보아야 한다. '이스라엘'은 하나님께서 '야곱'의 이름을 바꾸어 주신 새로운 이름이다.

야곱은 삼촌 집에서 네 명의 부인과 12명의 아들을 데리고 아버지 집으로 돌아오는데 형 에서가 400명의 군사를 거느리고 그를 죽이려고 오고 있다는 말을 들었다. 야곱은 에서에게 바칠 예물을 앞서 보내고 일행을 두 떼로 나누었다. 그리고 야곱 홀로 얍복 강가에서 간절히 기도하였다. 얍복 강가에서 기도하는 중에 천사가 나타나자 천사의 옷을 붙잡고 "축복해 주시지 않으시면 절대로 놓지 않겠다"고 하자, 천사는 그에게 "앞으로 이름을 야곱이라고 부르지 말고 이스라엘이라고 하라"며 새로운 이름을 주었다.

'야곱'은 도둑, 빼앗는다, 훔친다, 속인다는 뜻이고 '이스라엘'은 '하나님과 겨루어 이기는 자'라는 뜻이다. 어찌 연약한 인간이 하나님과 씨름하여 이길 수 있는가? 야곱이 하나님의 사자를 붙잡고 놓지 않자, 그가 야곱에게 "네가 이겼다"라고 말씀하였다. 이 말은 "하나님 없이는 살 수 없습니다"라고 하며 하나님을 꽉 붙잡았을 때 이기는 인생 살게 해주신다는 뜻이다. 이렇게 야곱이 간절히 기도하여 얻은 이름이 '이스라엘'이다.

'이스라엘' 나라는 하나님을 꽉 붙잡는 기도로 시작된 것이다. 이스라엘이라는 나라가 세상의 그 어떤 나라보다 뛰어날 수 있었던 것은 그들의 시작이 하나님을 꽉 붙잡는 축복으로 시작되었기 때문이다. 축복은 간절히 기도하는 자에게 부어진다. 하나님은 전심으로 하나님을 찾는 자에게 능력을 부어주신다.

"여호와의 눈은 온 땅을 두루 감찰하사 전심으로 자기에게 향하는 자들을 위하여 능력을 베푸시나니"(대하 16:9).

성경에는 민수기 6장에 나오는 '제사장의 축복 기도' 이전에도 축복 기도가 여러 번 나온다. 탁월한 인생을 살려면 무엇보다도 축복의 중요성을 알아야 한다.

[멜기세덱 축복 기도]

창세기 14장에 보면 메소포타미아 근처를 다 차지하는 시날 왕과 그 근처에 있는 네 왕이 연합군을 만들어 소돔성 근처에 있는 작은 나라들을 침략하였다. 이 전쟁은 성경에 기록된 최초의 전쟁이다. 이 전쟁으로 소돔성에 안에 있는 사람들은 다 체포되고 재물과 가축과 양식을 다 빼앗겼다. 아브라함의 조카 롯도 함께 체포되었다.

"네 왕이 소돔과 고모라의 모든 재물과 양식을 빼앗아 가고 소돔에 거주하는 아브람의 조카 롯도 사로잡고 그 재물까지 노략하여 갔더라"(창 14:11-12).

이것을 알게 된 아브라함은 자기 군사 318명을 데리고 추격하여 빼앗긴 것을 다 찾았고, 롯을 포함한 소돔성 사람들도 구출하였다. 아브라함이 돌아왔을 때 두 왕이 아브라함을 환영하였다. 첫 번째 왕은 소돔 왕으로 그는 크게 기뻐하며 아브라함을 환영하였다.

"아브람이 그돌라오멜과 그와 함께 한 왕들을 쳐부수고 돌아올 때에 소돔 왕이 사웨 골짜기 곧 왕의 골짜기로 나와 그를 영접하였고"(창 14:17).

소돔 왕은 아브라함에게 "전리품으로 빼앗아 온 것을 모두 가져가라"고 말하였다.

"소돔 왕이 아브람에게 이르되 사람은 내게 보내고 물품은 네가 가지라"(창 14:21).

그러나 아브라함은 소돔 왕에게 아무것도 받지 않았다.
두 번째 왕은 살렘 왕으로 그는 아브라함에게 선물이나 상을 주는 것 대신 아브라함에게 축복 기도를 하였다.

"살렘 왕 멜기세덱이 떡과 포도주를 가지고 나왔으니 그는 지극히 높으신 하나님의 제사장이었더라. 그가 아브람에게 축복하여 이르되 천지의 주재이시요 지극히 높으신 하나님이여. 아브람에게 복을 주옵소서. 너희 대적을 네 손에 붙이신 지극히 높으신 하나님을 찬송할지로다 하매 아브람이 그 얻은 것에서 십분의 일을 멜기세덱에게 주었더라"(창 14:18-20).

이 살렘 왕이 어디에 사는 누구인지는 정확하게 알 수 없다. 그의 이름 '살렘'(샬롬)으로 보아 그는 평화의 왕이다. 히브리서에서는 그가 지극히 높으신 하나님의 제사장이라고 말한다.

"이 멜기세덱은 살렘 왕이요 지극히 높으신 하나님의 제사장이라. 여러 왕을 쳐서 죽이고 돌아오는 아브라함을 만나 복을 빈 자라"(히 7:1).

살렘 왕 멜기세덱은 하나님의 제사장 자격으로 아브라함에게 "하나님이여 아브라함에게 복을 주옵소서"라고 축복 기도를 하였다. 그는 인류 최초의 제사장으로 '제사장의 축복 기도'를 한 자다.

아브라함은 소돔 왕이 그에게 주는 수많은 재물보다 멜기세덱의 축복 기도를 더 귀하게 여겼다. 재물은 시간이 지나면 사라지지만 축복 기도는 영원히 마음에 남기 때문이다. 아브라함은 축복의 중요성을 아는 자이다. 아브라함은 멜기세덱의 축복 기도를 받고 너무 기뻐서 자신이 전쟁에서 얻은 전리품의 10분의 1을 떼서 멜기세덱 제사장에게 주었다.

"너희 대적을 네 손에 붙이신 지극히 높으신 하나님을 찬송할지로다 하매 아브람이 그 얻은 것에서 십분의 일을 멜기세덱에게 주었더라"(창 14:20).

아브라함은 축복의 중요성을 알았고 그 축복의 능력을 믿는 자였다. 평범한 사람은 눈에 보이는 재물을 중요하게 생각할 것이다. 그러나 아브라함은 재물은 거절하고 축복을 달게 받은 자였다. 만약 당신 같으면 소돔 왕이 주는 재물과 살렘 왕이 주는 축복 중 어느 것을 선택하겠는가? 당장 눈에 보이는 재물보다 축복을 귀히 여기는 영적인 안목이 있길 바란다. 하나님은 멜기세덱이 축복한 대로 아브라함이 복 받는 인생으로 살게 해 주셨다. 하나님은 축복한 대로 이루시는 분이다.

[노아의 축복 기도]

노아는 대홍수 사건 이후 방주에서 내려와 농사를 짓고 첫 수확을 할 때 포도주를 마시고 취했다.

"포도주를 마시고 취하여 그 장막 안에서 벌거벗은지라"(창 9:21).

노아는 포도주를 먹고 취했을 뿐만 아니라 몸이 더워 하체를 벗었다. 이때 아브라함의 둘째 아들 함의 행동이 문제가 된다.

"가나안의 아버지 함이 그의 아버지의 하체를 보고 밖으로 나가서 그의 두 형제에게 알리매"(창 9:22).

여기에 '보고'라는 말은 히브리어 '와야르'인데 이는 그냥 우연히 본 것이 아니라 흥미를 갖고 주목해서 보았다는 뜻이다. 두 형제에게 알릴 때 '알리매'라는 말 '와야게드'는 '누설하다, 고발하다, 보고하다'라는 뜻이다. 이것은 단순히 본 사실을 말하는 것이 아니라 즐거움을 느끼고 말하는 것이다. 함은 아버지의 실수를 보고 즐기고 밖에 나가서 신나서 떠버린 것이다.

함에게는 아버지를 향한 아무런 존경이나 사랑이 없다. 아버지를 향한 의도적인 악의와 멸시가 들어 있다. 함은 아버지의 실수를 형과 동생에게 알렸다. 이것은 부모의 실수를 부각시키고 부모를 향한 존경을 빼앗는 도둑질이다. 함은 아버지를 향한 존경심이 없었다. 반면에 첫째 아들 셈과 셋째 아들 야벳은 함과는 전혀 다르게 행동하였다.

"셈과 야벳이 옷을 가져다가 자기들의 어깨에 메고 뒷걸음쳐 들어가서 그들의 아버지의 하체를 덮었으며 그들이 얼굴을 돌이키고 그들의 아버지의 하체를 보지 아니하였더라"(창 9:23).

셈과 함은 아버지가 하체를 벗고 있다는 말을 듣고 큰 옷을 들고 뒷걸음치며 들어가서 아버지의 하체를 덮었다. 그들이 어깨에 멜 정도로 큰 옷을 가져갔다는 것은 아버지의 실수를 완전히 덮기를 원했다는 것이고, 그들이 뒷걸음치며 들어갔다는 것은 아버지를 향한 존경의 태도를 드러낸 것이다.

나중에 이것을 알게 된 노아는 함을 저주하고 셈과 야벳을 축복하였다. 둘째 아들 함은 저주를 받았다.

"이에 이르되 가나안은 저주를 받아 그의 형제의 종들의 종이 되기를 원하노라 하고"(창 9:25).

가나안은 함의 자녀다. 정말 함의 자녀인 가나안은 노아가 저주한 대로 저주를 받았다. 바벨탑 사건이 바로 가나안 땅이고 소돔과 고모라성도 가나안 땅이다. 또 여호수아가 정복하여 그 땅에 있는 자들을 다 죽인 땅도 가나안이다.

반면에 셈과 야벳은 축복을 받았다. 첫째 아들 셈은 큰 축복을 받게 되었다.

"또 이르되 셈의 하나님 여호와를 찬송하리로다. 가나안은 셈의 종이 되고"(창 9:26).

셈에게는 두 가지 축복이 예언된다. 첫 번째는 '셈의 하나님 여호와를'이라고 번역이 되어 있는데 이는 '하나님께서 셈의 하나님이 되어 주셔서'라는 뜻이다. 하나님이 셈의 하나님이 되면 어떻게 되는가? 하나님이 셈의 모든 것을 풍족하게 채워주신다는 뜻이다. 성경에 하나님이 특정인의 하나님이 된다는 표현은 셈에게 처음 사용되었다.

두 번째, 셈의 하나님을 찬송한다는 것은 결국 셈에게서 아브라함이 태어나고 다윗이 태어나며 예수님이 태어나실 것을 예언한 것이다. 정말 이 예언대로 셈의 후손에서 예수님이 태어나신다.

세 번째 아들 야벳도 축복을 받게 되었다.

"하나님이 야벳을 창대하게 하사 셈의 장막에 거하게 하시고 가나안은 그의 종이 되게 하시기를 원하노라 하였더라"(창 9:27).

'창대함'은 넓은 공간을 가진다는 뜻이다. 그래서 야벳의 후손들이 넓은 영토뿐만 아니라 정치, 경제, 문화를 주도하게 된다. 정말 이 예언대로 야벳의 후손은 정치, 경제, 문화, 예술 등 모든 분야에서 창대하게 되는 축복을 받았다.

그렇다면 셈, 함, 야벳 가문은 무엇이 달랐는가? 똑같은 부모를 모셨다. 똑같은 가정환경에서 자랐다. 왜 어떤 가문은 자자손손 저주를 받고 어떤 가문은 메시아가 태어나며 어떤 가문은 하는 일마다 잘되는가? 무슨 차이인가? 축복의 차이다. 그들의 미래는 실력의 차이가 아니라 축복 기도의 차이였다. 아버지를 존경하여 아버지의 축복을 받는 것은 이토록 중요하다. 성경은 부모를 가볍게 여기는 자에겐 저주가 임한다고 말씀한다(신 27:16). 그러므로 우리는 아버지와 관계를 좋게 하고 아버지에게 축복받는 겸손한 자녀가 되어야 한다.

하나님은 아버지의 축복 기도를 들으시고
그 축복한 대로 이루시는 분이다.

[이삭이 야곱과 에서에게 한 축복 기도]

창세기 27장에 보면 이삭이 나이가 많아 눈이 어두워지고 기력이 쇠해질 때 장남인 에서에게 "이제 죽기 전에 마지막 축복 기도를 해 주겠다"라고 말하며 "맛있는 음식을 준비해 오라"고 하였다.

"그런즉 네 기구 곧 화살통과 활을 가지고 들에 가서 나를 위하여 사냥하여 내가 즐기는 별미를 만들어 내게로 가져와서 먹게 하여 내가 죽기 전에 내 마음껏 네게 축복하게 하라"(창 27:3-4).

이것을 알게 된 리브가가 급히 야곱을 불러 형 대신 장자의 축복 기도를 받으라고 하였다. 야곱은 에서 대신 축복 기도를 받았다.

"그가 가까이 가서 그에게 입 맞추니 아버지가 그의 옷의 향취를 맡고 그에게 축복하여 이르되 내 아들의 향취는 여호와께서 복 주신 밭의 향취로다. 하나님은 하늘의 이슬과 땅의 기름짐이며 풍성한 곡식과 포도주를 네게 주시기를 원하노라. 만민이 너를 섬기고 열국이 네게 굴복하리니 네가 형제들의 주가 되고 네 어머니의 아들들이 네게 굴복하며 너를 저주하는 자는 저주를 받고 너를 축복하는 자는 복을 받기를 원하노라"(창 27:27-29).

야곱은 형 에서가 받아야 할 장자의 축복 기도를 대신 받았다. 야곱에게 한 축복 기도는 세 가지다.
 첫 번째는 땅의 기름짐과 풍성한 곡식과 포도주가 가득한 재물의 축복이다.
 두 번째는 모든 사람을 다스리는 큰 권세자가 되는 축복이다.
 세 번째는 복의 근원이 되는 축복이다. 이 세 번째 축복은 아브라함에게 주어진 복의 근원이 되는 축복을 이어받는 것이다.
 나중에 사냥하고 돌아온 에서는 자기 동생이 장자의 축복 기도를 대신 받았다는 것을 알고 대성통곡하였다. 그는 아버지 이삭에게 음식을 가져다드리며 자기에게도 축복해 달라고 외쳤다.

"에서가 그의 아버지의 말을 듣고 소리 내어 울며 아버지에게 이르되 내 아버지여 내게 축복하소서. 내게도 그리하소서"(창 27:34).

인생은 축복 기도대로 된다. 축복 기도는 정말 무서울 정도로 중요하다. 에서와 야곱 두 사람은 실력으로만 보면 에서가 훨씬 뛰어난 자다. 에서는 외모도 뛰어나고 건강하고 화살도 잘 쏘고 사냥도 잘하는 강한 자다. 반면에 야곱은 외모도 볼품이 없고 겁도 많고 성품도 부족하고 사냥도 할 줄 모르는 약한 자다. 그럼에도 불구하고 에서는 성경의 중심에서 벗어나는 초라한 인생을 살았고 야곱은 성경의 중심축을 이루는 위대한 인생을 살게 되었다.

야곱은 축복 기도를 받은 대로 가는 데마다 큰 재산을 가지는 복을 받았고, 그의 아들 요셉은 모든 사람을 다스리는 권세를 가졌으며, 그의 자손은 자자손손 축복의 근원이 되는 복을 받았다.

축복 기도를 받은 사람은 그 기도대로 다 이루어졌다. 지금도 야곱의 후손 이스라엘 사람들이 온 세상의 재정을 다 움직인다, 미국에 가보면 부자촌엔 다 유대인들이 살고 있다. 전 세계의 금융시장은 유대인들이 움직인다. 지금도 온 세상의 리더는 다 이스라엘 사람이다. 전 세계의 정치, 교육, 예술, 매스컴, 영화, 문화 등을 리드하는 사람이 유대인들이다.

이스라엘 사람들이 국토의 60%가 사막인 땅에 살면서도 온 세상을 리드하는 것은 신비다. 그 이유는 여러 가지가 있겠지만 가장 중요한 것은 바로 축복 기도 때문이다. 하나님은 제사장들을 불러 광야길을 떠나는 이스라엘 백성을 위해 매일 축복 기도를 하라고 하셨다. 그 축복 기도를 매일 듣고 그 축복을 믿는 자는 축복을 받아

누리게 된다. 하나님은 축복한 대로 이루시는 분이다.

미국 청교도 후예 가운데 가장 대표적인 인물이 조나단 에드워드 목사다. 그는 목회자 가정에서 태어나 철저한 기독교 교육을 받았고 13세에 예일대학에 입학하여 17세에 최우수생으로 졸업한 수재다. 그는 예일대학 신학부를 졸업한 후 그 대학의 교수가 되었다. 그는 교수직을 내려놓은 후엔 자기 아버지가 섬기던 매사추세츠 노스햄팅톤교회에 부임하여 23년간 섬겼다. 그는 퇴락해 가던 미국 교회에 영적 부흥을 일으킨 사람이다.

그는 슬하에 아들 8명과 딸 3명으로 11명의 자녀를 두었고 매일 아침을 자녀들에게 하는 축복 기도로 시작하는, 경건한 청교도적인 삶을 살았다. 그가 죽은 후 200년이 지나 그의 후손들을 조사해 본 결과 그의 후손은 873명이었는데 모두 큰 축복을 받았다.

대학총장이 12명, 교수 65명, 의사 60명, 목회자와 성직자 100명, 군 장성 75명, 저술가 85명, 변호사 100명, 판사 30명, 국가공무원 80명, 미국 부통령 1명, 그리고 260명의 평범한 신앙인들로 살고 있다는 결과가 나왔다.

반면에 같은 시기에 미국의 대표적인 범죄자였던 맥스 주스의 4대손을 보면 약 1,200명 중 거리의 방랑자 310명, 13년 이상 징역을 산 사람 130명, 살인범 7명, 알코올중독자 100명, 상습 절도자 60명, 매춘부 190명, 방탕과 부도덕한 삶을 산 사람 440명이 나왔다.

무슨 차이인가? 축복 기도의 차이다. 매일 축복 기도를 듣는 자와 불평과 저주를 듣는 자는 전혀 다른 인생을 산다.

당신이 아들인가? 아버지의 축복을 받으라.
당신이 교인인가? 목회자의 축복을 받으라.
당신이 아내인가? 남편의 축복을 받으라.
하나님은 질서의 하나님이시다.
윗사람과 관계가 좋지 않으면
하나님께서 부어주시는 축복이 흘러 들어오지 않는다.

이스라엘 백성은 시내산 기슭에서 1년 정도 살다가 이제 광야길을 떠나면서 불안과 두려움이 가득하였다. 하나님은 그들에게 매일 제사장의 축복 기도를 받게 하였다. 우리도 매일 축복받아야 한다. 제사장의 축복 기도에 나오는 동사는 모두 미완료형이다. 제사장이 매일 이스라엘 백성을 축복해야 함을 말한다. 그 축도의 응답으로 하나님께서 매일 지켜주시고 매일 은혜주시며 매일 평강을 주신다.

축복을 귀히 여기라. 인생은 축복한 대로 된다. 당신이 축복을 귀히 여긴다면 당신의 인생은 귀한 인생이 될 것이다.

【 Key Point 】

첫째, 축복의 근원은 하나님이다. 모든 축복은 하나님에게서 나온다.

인생은 실력이나 능력, 재력보다 하나님에게서 나오는 축복이 가장 중요하다. 이 책을 읽는 분들은 축복의 중요성을 알고 축복 기도를 받는 자가 되길 바란다.

아브라함이 복을 받은은 하나님의 축복(창 12:1-3)과 멜기세댁의 축복(창 14:18-20)을 받았기 때문이다. 야곱이 삼촌 집에서 큰 복을 받게 된 것은 아버지 이삭이 그에게 축복하였기 때문이다. 요셉이 가는 데마다 형통하게 된 이유는 그에게 야곱의 축복이 쌓여 있었기 때문이다.

하나님을 알지 못하는 알렉산더 대왕도 축복, 즉 행운이 중요함을 알았다. "내게 훌륭한 장군을 주지 말고 행운이 따르는 장군을 주소서." 오늘 우리가 살고 있는 이유는 99.9%가 하나님이 베푸신 축복 때문이다. 매일 아침, 하루를 시작하면서 제일 먼저 하나님으로부터 나오는 축복을 구하라.

둘째, 하나님은 우리에게 복을 주려고 하신다.

"여호와께서 주시는 복은 사람을 부하게 하고 근심을 겸하여 주지 아니하시느니라"(잠 10:22).

"이르시되 내가 반드시 너에게 복 주고 복 주며 너를 번성하게 하고 번성하게 하리라 하셨더니"(히 6:14).

"자기 아들을 아끼지 아니하시고 우리 모든 사람을 위하여 내주신 이가 어찌 그 아들과 함께 모든 것을 우리에게 주시지 아니하겠느냐"(롬 8:32).

하나님은 언제나 좋으신 분이다. 하나님은 우리를 위해 최고의 것을 예비해 주셨다. 날마다 그분을 바라보고 그분을 기대하며 살라. 놀라운 축복을 부어주실 것이다. 당신이 축복의 중요성을 알고 매일 축복을 구하고 그 축복이 이루어질 것을 믿고 산다면 결코 초라한 인생이 아닌 축복이 넘치는 인생을 살게 될 것이다.

"
여호와께서 모세에게 말씀하여 이르시되 아론과 그의 아들들에게 말하여 이르기를
너희는 이스라엘 자손을 위하여 이렇게 축복하여 이르되
여호와는 네게 복을 주시고 너를 지키시기를 원하며
여호와는 그의 얼굴을 네게 비추사 은혜 베푸시기를 원하며
여호와는 그 얼굴을 네게로 향하여 드사 평강 주시기를 원하노라 할지니라 하라.
그들은 이같이 내 이름으로 이스라엘 자손에게 축복할지니
내가 그들에게 복을 주리라. 민수기 6:22-27.
"

SECTION 2

광야길을
축복 기도로 지나가라

S·E·C·T·I·O·N·2
광야길을 축복 기도로 지나가라

나는 제사장의 축복 기도를 살펴보기 전에는 제사장의 축복 기도를 매일 해야 하는지 몰랐다. 그런데 광야길을 떠나는 이스라엘 백성들에게 제사장들이 매일 제사장의 축복 기도를 했다는 사실에 깜짝 놀랐다. 당신의 광야 같은 인생에 매일 제사장의 축복 기도를 한다면 상상도 못 할 일이 일어날 것이다. 매일 제사장의 축복 기도를 해야 함을 아는 자체만으로 큰 복이다. 만약 당신이 매일 제사장의 축복 기도를 실행한다면 정말 생각지도 못한 놀라운 미래가 열릴 것이다.

그러면 이제 광야길을 떠나는 그들에게 매일 제사장이 기도한 그 축복 기도의 내용을 살펴보고자 한다.

[제사장의 축도는]
복을 주고 지키시길 원한다는 것이다

"여호와는 네게 복을 주시고 너를 지키시기를 원하며"(민 6:24).

'지키신다'는 원어의 뜻은 '둘레에 가시로 울타리를 쳐서 보호한다'는 것이다. 이것은 모든 악한 세력으로부터의 보호일 뿐 아니라 재앙과 각종 질병, 전쟁으로부터의 보호를 뜻한다. 광야는 하나님의 보호하심이 없다면 단 하루도 살 수 없는 곳이다. 여기에 '지키시기'라는 동사는 미완료형이다. 이것은 한 번만 지키시는 것이 아니다. 미완료형으로 계속 지키시는 것을 말한다.

하나님은 이 제사장의 축복 기도대로 광야길을 가는 이스라엘 백성을 낮에는 구름 기둥으로 보호하시고 밤에는 불기둥으로 보호하셨다. 이것은 이스라엘 백성이 한 번도 생각해 보지 못했던 초자연적인 보호하심과 지키심이다. 처음 구름 기둥과 불기둥을 본 이스라엘 백성은 깜짝 놀라 온몸에 전율이 일어났을 것이고 그들 마음에는 하나님을 향한 경외심이 생겼을 것이다.

이스라엘 백성은 광대하고 거친 광야를 행진하다가 무서운 불뱀과 전갈과 같은 독충에게 물릴 수도 있고 광야에 사는 짐승의 공격을 받을 수도 있고 전염병으로 병들 수도 있고 적의 공격을 받을 수도 있었다. 그런데도 바란 광야를 무사히 통과하고 가나안 입구까지 도착할 수 있었던 것은 전적인 하나님의 보호하심과 지키심이었다. 하나님은 이스라엘 백성을 눈동자같이 보호하셨다.

"여호와께서 그를(이스라엘 백성들) 황무지에서, 짐승이 부르짖는 광야에서 만나시고 호위하시며 보호하시며 자기의 눈동자같이 지키셨도다"(신 32:10).

눈꺼풀은 눈동자를 놀랍게 보호한다. 눈 가까이에 무엇이 다가오면 본능적으로 눈을 감아 눈동자를 보호한다. 지금 우리가 살아가는 세상은 과거 이스라엘 백성이 걸어갔던 광야 못지않게 험악하다. 언제 어디에서 사고를 만날지 질병에 전염될지 모른다. 곳곳에 위험이 산재해 있다. 우리는 돈이나 보험으로 자신을 지킬 수 없다. 특별히 말세를 살고 있는 지금 시대는 그 어느 때보다 도덕적으로, 영적으로 타락한 시대로 사탄의 공격이 심하다. 이런 악한 시대를 사는 우리가 안전하게 보호받을 수 있는 것은 하나님의 지키심뿐이다.

우리가 하나님의 지키심을 구하는 기도를 한다면 하나님께서 우리 기도를 들으시고 눈동자 보호하듯이 우리를 보호하고 지키실 것이다. 그러므로 미래에 대해 염려하거나 두려워하지 말고 하나님의 지키심을 구하고 그 기도가 이루어질 것을 믿고 살아야 한다.

다윗은 언제나 하나님이 자기를 보호하고 지켜주실 것을 믿었다.

"여호와여 주는 나의 방패시요 나의 영광이시요 나의 머리를 드시는 자이시니이다"(시 3:3).

"천만인이 나를 에워싸 진 친다 하여도 나는 두려워하지 아니하리이다"(시 3:6).

"내가 평안히 눕고 자기도 하리니 나를 안전히 살게 하시는 이는 오직 여호와이시니이다"(시 4:8).

"여호와는 나의 반석이시요 나의 요새시요 나를 건지시는 이시요 나의 하나님이시요 내가 그 안에 피할 나의 바위시요 나의 방패시요 나의 구원의 뿔이시요 나의 산성이시로다"(시 18:2).

"여호와는 나의 빛이요 나의 구원이시니 내가 누구를 두려워하리요. 여호와는 내 생명의 능력이시니 내가 누구를 무서워하리요"(시 27:1).

"군대가 나를 대적하여 진 칠지라도 내 마음이 두렵지 아니하며 전쟁이 일어나 나를 치려 할지라도 나는 여전히 태연하리로다"(시 27:3).

"주는 나의 반석과 산성이시니 그러므로 주의 이름을 생각하셔서 나를 인도하시고 지도하소서"(시 31:3).

"주는 나의 은신처이오니 환난에서 나를 보호하시고 구원의 노래로 나를 두르시리이다(셀라)"(시 32:7).

"하나님은 나를 돕는 이시며 주께서는 내 생명을 붙들어 주시는 이시니이다"(시 54:4).

"참으로 주께서는 모든 환난에서 나를 건지시고 내 원수가 보응 받는 것을 내 눈이 똑똑히 보게 하셨나이다"(시 54:7).

"내가 하나님을 의지하였은즉 두려워하지 아니하리니 혈육을 가진 사람이 내게 어찌하리이까"(시 56:4).

"내가 하나님을 의지하였은즉 두려워하지 아니하리니 사람이 내게 어찌하리이까"(시 56:11).

"하나님은 나의 요새이시니 그의 힘으로 말미암아 내가 주를 바라리이다"(시 59:9).

"주는 나의 피난처시요 원수를 피하는 견고한 망대이심이니이다"(시 61:3).

"오직 그만이 나의 반석이시요 나의 구원이시요 나의 요새이시니 내가 크게 흔들리지 아니하리로다"(시 62:2,6).

다윗이 사울 왕을 피해서 들로 산으로 도망을 다닐 때도 하나님의 지키심이 있었다. 하나님께서 다윗을 지키신 이유가 무엇인가? 다윗 스스로 하나님은 자신을 안전하게 피하게 해주시는 피난처라고 말하고 믿었기 때문이다. 하나님은 우리가 말한 대로 이루신다. 하나님은 우리가 하는 믿음의 말을 들으신다. 당신은 하나님에게 하나님의 지키심을 구하는 기도를 한 후 당신의 입으로 "하나님께서 나를 지키신다"고 말하기 바란다.

혹시 당신에게 "광야에서 일주일을 살아라"라고 하면 살 수 있겠는가? 아마 하루도 살지 못할 것이다. 그런데 이스라엘 백성은 광야에서 일주일도, 1년도, 10년도 아니라 40년을 살았다. 그들이 40년 동안 광야에서 살아남은 비결이 무엇인가? 그것은 이스라엘 백성의 노력이나 실력, 그들의 지혜가 아니다. 오로지 제사장의 축복 기도의 응답으로 하나님께서 지켜주셨기 때문이다.

이스라엘 백성은 하나님의 지키심에 대해 날마다 노래를 불렀다. 그 노래가 바로 유명한 시편 121편이다.

"내가 산을 향하여 눈을 들리라. 나의 도움이 어디서 올까. 나의 도움은 천지를 지으신 여호와에게서로다. 여호와께서 너를 실족하지 아니하게 하시며 너를 지키시는 이가 졸지 아니하시리로다. 이스라엘을 지키시는 이는 졸지도 아니하시고 주무시지도 아니하시리로다. 여호와는 너를 지키시는 이시라. 여호와께서 네 오른쪽에서 네 그늘이 되시나니 낮의 해가 너를 상하게 하지 아니하며 밤의 달도 너를 해치지 아니하리로다. 여호와께서 너를 지켜 모든 환난을 면하게 하시며 또 네 영혼을 지키시리로다. 여호와께서 너의 출입을 지금부터 영원까지 지키시리로다"(시 121:3-8).

시편 121편은 "인생의 도움은 하나님에게서 나온다"라는 말로 시작된다. 시편 121편에는 '지키신다'는 단어는 본 시의 핵심 단어로 6번이나 사용되었다. "하나님은 졸지도 주무시지도 않는다"는 말과

"낮의 해와 밤의 달이 헤치지 않는다"는 말은 하루 종일, 밤낮 지키신다는 것을 되풀이하여 강조하는 것이다.

교회에 다니는 사람은 대부분 하나님께서 우리를 지키신다는 것을 믿는다. 그러나 막상 고난이 닥치면 불안해하고 두려워한다. 다니엘의 세 친구 사드락과 메삭과 아벳느고는 풀무불에 던져진다고 해도 하나님께서 지키실 것을 믿는 믿음을 보였다.

"왕이여 우리가 섬기는 하나님이 계시다면 우리를 맹렬히 타는 풀무불 가운데에서 능히 건져내시겠고 왕의 손에서도 건져내시리이다"(단 3:17).

하나님은 그들의 믿음을 보시고 풀무불에 들어가도 타지 않는 기적으로 보호해 주셨다. 불에 들어가도 "하나님이 지키신다"는 말하고 지켜주실 것을 믿는 믿음을 우리도 가져야 한다. 하나님은 언제나 우리 믿음의 말을 들으시고 그 믿음에 응답하신다.

백동조 목사님이 우리 교회에 오셔서 집회하셨다. 그때 백 목사님이 하신 간증을 적어본다.

그의 어머니는 나이 42세에 남편이 죽은 뒤 예수를 믿었고 홀로 자녀를 키우면서 매일 새벽 예배를 나가 기도를 하였다. 매일 어머니가 하는 기도는 똑같은 기도였다. "우리 동조 눈동자같이 지켜주시고 머리가 될지언정 꼬리가 되지 않게 하시고 꿔줄지언정 꾸는 자 되지 않게 하시고 지혜와 총명을 주옵소서."

그는 중학교 2학년 때 병이 들어 학교도 다니지 못하였다. 그때 어머니는 "세상 의학이 너를 고치지 못해도 걱정하지 말라"고 하나님이 고치신다고 말했다. 그는 어머니 기도를 10년 넘게 들었다. 그러나 자기 삶에 아무런 좋은 일이 없었다. 그래서 기도 응답의 확신이 없었다. 어머니의 똑같은 기도는 죽는 순간까지 멈추지 않았다.

백 목사는 신대원을 졸업하고 개척하였다. 어느 날 중환자실에 있는 성도를 심방하고 병원에서 곧바로 새벽 예배를 가다가 졸음운전으로 자동차가 도로를 벗어나 비포장도로를 지나 전봇대에 부딪치기 직전에 눈을 떠서 급히 핸들을 틀어 차 꽁무니가 전봇대에 부딪치는 큰 사고가 났다. 1초만 늦었어도 전봇대와의 정면충돌로 온 가족이 다 죽었을 것이다.

순간 그의 귀에 "우리 동조 눈동자같이 지켜주옵소서"라는 어머니의 기도 소리가 들렸다. "오매 어머니의 기도가 나를 살려버렸구나" 하는 말을 앵무새처럼 하루 종일 입속에서 흥얼거렸다. 그는 마음 깊은 곳에서 기도 응답의 확신이 생겼다.

"어머니는 죽어도 어머니의 기도는 살아 있구나!"

그는 외친다.

"사람은 죽어도 기도는 살아 있다. 왜냐하면 하나님이 살아 계시기 때문이다."

[제사장의 축도는]
은혜 베푸시기를 원한다는 것이다

"여호와는 그의 얼굴을 네게 비추사 은혜 베푸시기를 원하며"(민 6:25).

하나님은 은혜를 구하는 자에게 은혜를 베푸신다. 여기 '베푸시기를'이란 말은 동사로 미완료형이다. 우리는 어제의 은혜로 살 수 없다. 매일 새로운 은혜가 필요하다. 그래서 날마다 오늘 부어주실 새로운 은혜를 구해야 한다.

구약성경에 은혜는 '헷세드'와 '헨'이라는 단어를 사용한다. 두 단어는 비슷하지만 조금 차이가 있다. '헷세드'는 언약적 관계에서 이루어지는 행동을 말한다. 하나님께서 우리에게 은혜를 베푸심은 우리가 예수를 믿어 하나님의 자녀가 되었기 때문이다. 부모와 자녀도 언약적 관계다. 부모가 자녀에게 은혜를 베푸는 것은 헷세드, 즉 약속된 관계 때문이다.

'헨'이라는 단어는 높은 위치에 있는 자가 낮은 위치에 있는 자에게 일방적으로 베푸는 호의를 말한다. 예를 들면 왕이 말을 타고 가다가 말에서 내려와 불쌍한 거지에게 호의를 베푸시는 것을 말한다. 본문에서 사용하는 은혜는 '헨'이라는 단어로 하나님께서 일방적으로 우리를 불쌍히 여기시고 호의를 베푸시는 은혜를 말한다. 성경은 하나님의 얼굴과 은혜를 같이 사용한다.

"여호와는 그의 얼굴을 네게 비추사 은혜 베푸시기를 원하며"(민 6:25).

"주의 얼굴을 주의 종에게 비추시고 주의 사랑하심으로 나를 구원하소서"(시 31:16).

여기 '주의 사랑'은 히브리어로 헷세드를 사용한다. 이 단어는 은혜로 번역해도 된다.

"하나님은 우리에게 은혜를 베푸사 복을 주시고 그의 얼굴 빛을 우리에게 비추사(셀라)"(시 67:1).

하나님의 은혜를 받으려면 하나님의 얼굴을 바라보아야 한다. 세상의 모든 나무와 식물이 태양을 바라보아야 살듯 우리도 하나님의 얼굴을 바라보아야 산다. 당신은 하나님의 은혜를 받기 원하는가? 그렇다면 환경을 보지 말고 하나님을 바라보고 하나님께 은혜를 구하기 바란다.

"그가 네 부르짖는 소리로 말미암아 네게 은혜를 베푸시되 그가 들으실 때에 네게 응답하시리라"(사 30:19).

하나님은 우리가 하나님을 바라보고 은혜를 구하면 은혜를 베푸시는 분이다.

요나는 니느웨에 가서 회개를 외치라는 하나님 말씀에 불순종하고 하나님의 얼굴을 피해 배를 타고 다시스로 도망갔다. 그가 탄 배가 큰 풍랑을 만나자, 배 안에 있는 사람이 모두 모여 제비뽑기했는데 요나가 뽑혔다. 요나는 이 풍랑이 바로 자기 때문이라고 고백하였다. 사람들은 요나를 바다에 던졌다. 요나는 하나님의 은혜로 큰 물고기 배 속에 들어갔다. 큰 물고기 배 속에 들어간 요나가 하나님께 간절히 기도하였다. "요나가 물고기 배 속에서 그의 하나님 여호와께 기도하여"(욘 2:1).

요나는 원래 기도하는 자가 아니었다. 요나는 하나님께서 니느웨에 가서 회개를 외치라고 하자 대꾸도 하지 않고 하나님 얼굴을 피해 도망갔다. 요나는 자신이 타고 가는 배가 거친 풍랑을 만나도 기도하지 않고 배 밑창으로 들어가 잠을 잤다. 그랬던 요나가 드디어 물고기 배 안에서 죽음 직전에 하나님을 찾고 기도하기 시작하였다.

"이르되 내가 받는 고난으로 말미암아 여호와께 불러 아뢰었더니 주께서 내게 대답하셨고 내가 스올의 배 속에서 부르짖었더니 주께서 내 음성을 들으셨나이다. 주께서 나를 깊음 속 바다 가운데에 던지셨으므로 큰 물이 나를 둘렀고 주의 파도와 큰 물결이 다 내 위에 넘쳤나이다"(욘 2:2-3).

요나는 '스올의 배 속에서' 부르짖고 있다. '스올'이라는 말은 우주에서 가장 낮은 곳, 무덤, 지옥을 의미하는 히브리어다. 요나는 자신이 죽음과 같은 비슷한 상황에 놓였다는 것을 말하고 있다. 그렇게 기도하지 않던 요나가 물고기 배 속에서 죽음을 눈앞에 두고 이제야 부르짖으며 기도한다.

"내가 말하기를 내가 주의 목전에서 쫓겨났을지라도 다시 주의 성전을 바라보겠다 하였나이다"(욘 2:4).

요나가 물고기 배 속에서 다시 주의 성전을 바라보겠다는 것은 다시 하나님을 바라보겠다는 고백이다. 요나의 끝은 끝이 아니었다. 요나의 끝은 하나님의 은혜가 시작되는 곳이었다. 지금 당신의 인생이 요나처럼 제일 밑바닥에 던져졌는가? 지금 당신이 기도 외에 아무것도 할 수 없는 상황에 이르렀는가? 낙심하지 말라. 스스로 기도하는 그 시간이야말로 가장 최고의 것, 하나님의 은혜를 붙잡는 시간이다.

요나는 사실 지금 기도를 편하게 할 수 없는 상황이다. 물고기 배 속은 호흡하기 곤란한, 산소가 부족한 장소다. 큰 물고기 배 속에는 소화액에 먹이들이 죽어가는 역겨운 냄새가 가득한, 상상을 초월하는 고통의 장소다. 빛이라고는 하나도 없는 캄캄한 장소다. 그는 일 분, 일 초도 하나님의 은혜가 아니면 살 수 없다. 그는 오로지 하나님만 생각하였다. 하나님을 바라보며 하나님께 기도하는 자, 하나님의 은혜를 구하는 자는 결코 망하지 않는다. 기도는 우리 그리스도인의 특권이다. 모든 문이 다 막혀도 하늘 문은 열려 있다.

인생 마지막 순간에 던져졌는가?
시시하게 기도하지 말고 목숨을 걸고 기도하라.
목숨 걸고 은혜를 구하는 자는 반드시 은혜를 받게 된다.

하나님은 죽음 직전에 있는 요나를 버리지 않으시고 그의 기도를 듣고 응답하셨다.

"여호와께서 그 물고기에게 말씀하시매 요나를 육지에 토하니라"
(욘 2:10).

다시 본문으로 돌아가서 민수기 6장 25절을 보자.

"여호와는 그의 얼굴을 네게 비추사 은혜 베푸시기를 원하며"
(민 6:25).

우리 인생은 자기 노력으로 되는 것이 아니라 하나님의 은혜로 된다. 200만 명이나 되는 이스라엘 백성이 광야길을 통과할 방법은 없었다. 그들이 광야를 통과한 것은 모두 전적인 하나님의 은혜였다. 이스라엘 백성은 광야길을 통과하면서 매일 제사장으로부터 여호와께서 은혜 베푸시길 원하신다는 축복 기도를 들었고 그 말씀을 마음에 품고 믿었다.

정말 제사장의 축복 기도대로 매일 만나를 내려주셔서 먹을 수 있는 은혜를 베풀어 주셨다. 아무것도 심을 수도 수확할 수도 없는 광야에서 매일 만나가 내려와 200만 명이나 되는 사람이 먹을 수 있었다는 것은 기적 중의 기적이다. 이 기적은 제사장의 축복 기도 때문이었다.

한번은 이스라엘 백성이 먹을 고기가 없다고 불평하자 하나님은 그들에게 메추라기를 공급하여 먹게 하셨다. 하나님은 이스라엘 백성에게 한 달 동안 메추라기를 먹게 하셨다. 민수기 11장에 보면 그 메추라기의 양이 얼마인지 말씀한다.

"하루나 이틀이나 닷새나 열흘이나 스무 날만 먹을 뿐 아니라 냄새도 싫어하기까지 한 달 동안 먹게 하시리니 이는 너희가 너희 중에 계시는 여호와를 멸시하고 그 앞에서 울며 이르기를 우리가 어찌하여 애굽에서 나왔던가 함이라 하라. 모세가 이르되 나와 함께 있는 이 백성의 보행자가 육십만 명이온데 주의 말씀이 한 달 동안 고기를 주어 먹게 하겠다 하시오니"(민 11:19-21).

메추라기 양을 계산해 본다면 200만(명)×30(일)=6천만(마리)이다. 정말 놀랍다. 그 황량한 광야 어디에서 이런 엄청난 메추라기가 날아왔는가? 하나님의 은혜는 우리가 상상도 할 수 없는 풍성함이다. 하나님의 은혜는 하루로 끝나는 것이 아니었다. 무려 40년 동안 계속 불기둥, 구름 기둥이 나타났고 매일 만나가 내려왔다. 또 그들이 나중에 가나안 땅을 차지한 것도 전적으로 하나님의 은혜였다. 원래 이스라엘 백성에겐 가나안 땅에 단 한 평의 땅도 없었다. 그런데 하나님의 은혜로 가나안 땅을 다 차지하게 된 것이다.

지금 당신이 가진 것이 없는가? 하나님의 은혜를 구하라. 광야 한가운데 서 있는가? 이렇게 기도하라. "하나님, 이 상황에 은혜를 베풀어 주옵소서." 하나님은 구하는 자에게 풍성히 채워주신다고 약속하셨다.

"나의 하나님이 그리스도 예수 안에서 영광 가운데 그 풍성한 대로 너희 모든 쓸 것을 채우시리라"(빌 4:19).

자기 힘으로 아등바등 살려고 하지 말고 매 순간 하나님의 얼굴을 바라보고 은혜를 구하며 살라. 하나님은 은혜를 구하는 자에게 풍성히 베풀어 주시길 기뻐하는 분이시다. 은혜는 구하는 자에게 부어진다.

"때를 따라 돕는 은혜를 얻기 위하여 은혜의 보좌 앞에 담대히 나아갈 것이니라"(히 4:16).

이런 찬양이 기억난다.

은혜 아니면 살아갈 수가 없네.
나의 모든 것 다 주께 맡기니
참된 평안과 위로 내게 주신 주 예수 오직 예수뿐이네.
크신 계획 다 볼 수도 없고 작은 고난에 지쳐도
주께 묶인 나의 모든 삶 버티고 견디게 하시네.

당신이 광야 한복판에 서 있는가? 더 이상 살 수 없다고 낙심하거나 절망하지 말라. 광야는 은혜를 구하고 버텨야 하는 곳이다. 반드시 은혜가 나타난다. 하나님께서 허락하신 광야는 징벌의 장소가 아니다. 광야는 하나님의 은혜를 체험하는 장소다.

성경은 광야에서 하루도 아닌, 일 년도 아닌,
40년을 무사히 산 사람들이 있다고 기록한다.
그들이 한두 명이 아닌 200만 명이라고 말씀하신다.
당신도 광야에서 은혜로 이기는 인생 살 수 있다.
광야에 있을 때, 어디를 보아도 희망이 없을 때,

그때 하나님의 은혜를 구하고 은혜가 있다고 말하라.
죽고 사는 것은 믿음의 말에 달려 있다.

[제사장의 축도는] 평강 주시기를 원한다는 것이다

"여호와는 그 얼굴을 네게로 향하여 드사 평강 주시기를 원하노라 할지니라 하라"(민 6:26).

하나님은 우리에게 평강 주시길 원하시는 분이다. '평강'은 '샬롬'을 말한다. 샬롬은 그냥 전쟁이 없는 평안한 상태만 말하는 것이 아니라 내면에서 흘러넘쳐 나오는, 하나님과의 친밀함 속에서 나오는 충만한 평안을 말한다. 이 샬롬은 폭풍 속에서도 평안한 것, 죽음 앞에서도 평안한 것을 말한다. 이것은 하나님께서 주시는 참된 평안이다.

지금 광야길을 떠나는 이스라엘 백성은 마음에 불안과 두려움이 가득 차 있다. 그들이 거친 광야길을 지나 가나안 땅에 도착한다는 것은 까마득히 먼 불가능한 일처럼 보였을 것이다. 그들 마음에 두려움과 불안이 가득한 것은 지극히 당연한 일이다. 그런데 하나님은 그들에게 매일 제사장의 입술을 통해 하나님께서 평강 주시길 축복하라고 말씀하셨다. '평강 주시길'이라는 동사도 미완료형이다. 한 번의 평강을 말하는 것이 아니라 계속, 계속, 계속 평강이 부어짐을 뜻한다.

이스라엘 백성은 제사장의 입으로 말하는 평강의 축복 기도를 듣고 그 기도를 믿었기에 200만 명이나 되는 사람들이 나누어지거나 흩어짐 없이 한마음으로 무사히 가나안 입구까지 도달할 수 있었다.

예수님은 부활하셔서 제일 먼저 제자들에게 나타나셨다. 제자들은 예수님께서 십자가에 죽으신 후 대문 잠그고 방문 잠그고 불안과 두려움 속에 있었다. 그때 부활하신 예수님이 제자들에게 나타나셔서 처음으로 하신 말씀이 바로 평안이었다.

"이 날 곧 안식 후 첫날 저녁 때에 제자들이 유대인들을 두려워하여 모인 곳의 문들을 닫았더니 예수께서 오사 가운데 서서 이르시되 너희에게 평강이 있을지어다"(요 20:19).

예수님이 말씀하시는 평안은 세상이 줄 수 없는 평안을 말씀하신 것이다.

"평안을 너희에게 끼치노니 곧 나의 평안을 너희에게 주노라. 내가 너희에게 주는 것은 세상이 주는 것과 같지 아니하니라. 너희는 마음에 근심하지도 말고 두려워하지도 말라"(요 14:27).

예수님이 우리에게 주시는 평안은 세상이 줄 수도 없고 알 수도 없는 평안이다. 세상에서 아무리 큰 성공을 하고 큰 권력을 잡았다고 하더라도 마음에 평안이 없다면 지옥의 삶이 된다. 마음에 평안이 없으면 아무리 좋은 음식을 먹어도 맛있지 않고 아무리 좋은 침대에 누워도 잠이 오지 않는다. 마음에 평안이 없는 자는 그 누구도 행복할 수 없다.

그렇게 중요한 평안은 돈으로 생기지 않는다. 부자라고 평안한 것이 아니다. 유명하다고 평안한 것도 아니다. 산속에 들어가 명상한다고 평안한 것이 아니다. 평안은 하나님께서 주셔야 한다.

"여호와께서 자기 백성에게 힘을 주심이여 여호와께서 자기 백성에게 평강의 복을 주시리로다"(시 29:11).
"내가 평안히 눕고 자기도 하리니 나를 안전히 살게 하시는 이는 오직 여호와이시니이다"(시 4:8).

사도행전 12장에 보면 베드로가 복음을 전한다는 이유로 헤롯에게 체포되어 사형선고를 받고 감옥에 갇혔다. 내일이면 사형수로 죽게 된다. 그런데 베드로는 깊은 잠에 빠져 천사가 나타나 그의 옷을 입으라고 하고 신발을 신으라고 하여도 깨지 못했다. 어찌 내일 죽는데 오늘 밤 평안하게 깊은 잠을 잘 수 있는가? 우리는 내일 병원에 가서 수술만 한다고 해도 잠이 오지 않는다. 내일 중요한 미팅이 있다고 해도 잠이 오지 않는다. 그런데 베드로는 내일 죽는데 오늘 평안하게 잠을 자다니 정말 이해하기 어렵다. 베드로에게는 주님께서 주신 평안이 있었던 것이다.

"여호와께서 그의 사랑하시는 자에게는 잠을 주시는도다"
(시 127:2).

참된 평안, 영원한 평안은 하나님에게서 나온다. 하나님께서 주시는 평안은 죽음도 빼앗아 갈 수 없다. 이런 평안이 당신에게 넘치길 축원한다.

CCC 총재였던 빌 브라이트 목사님 이야기다. 그가 미국 대통령 조찬 기도회에 참석했을 때 대학 동창생을 26년 만에 만났다. 그 친구는 해군 장성이 되어 있었다. 그런데 얼굴에 그늘이 있었다. 사연을 들으니 가정불화가 있었고 막내아들이 사고로 죽었다는 것이다. 그래서 빌 브라이트가 복음을 제시하며 위로했고 그 친구는 예수님을 영접했다.

그 후 다시 만났는데 이번에는 딸이 암에 걸려 죽었다는 것이다. 예수 믿은 지 얼마 안 되었는데 그런 일이 생겼으니 얼마나 실망이

클까 염려되어 물었다.

"그래 얼마나 슬픈가?"

그런데 그 대답이 놀라웠다.

"아니, 괜찮아. 물론 딸아이를 생각하면 무척 슬프지. 하지만 놀랍게도 이 어려운 상황에서도 하나님이 내 마음에 이해할 수 없는 평안을 주셨네."

이해할 수 없는 평안! 환경을 보면 당연히 낙망해야 할 텐데 이상하게 평안한 것이다. 이것이 곧 환경을 초월하는 내적 평안이다. 이런 평안은 하나님께서 주시는 것이다.

현대인은 과거와 비교하면 훨씬 많은 것을 가지고도 매일 지옥같은 인생을 사는 이가 많다. 시중에 있는 병원 중에 정신병원이 호황이라고 한다. 그만큼 정신질환자가 많다는 말이다. 그들 중에는 학생과 청년이 가득하다. 오늘날 젊은 세대는 기성세대보다도 훨씬 좋은 환경 속에 자랐다. 그러나 그들에게는 죄의 노출과 유혹이 과거보다 더 많아졌고 그 결과 양심의 가책이 많아진 것이다. 어떤 죄든지 죄를 지으면 하나님께서 주시는 평안은 사라진다.

하나님께서 주시는 평안을 가지면 입술에서 찬송이 흘러나오고 몸도 건강해지며 내일에 대한 열정도 넘치고 창조적인 아이디어도 넘치게 된다. 단 하루를 살아도 주님께서 주시는 평안이 넘치는 천국같은 삶을 살길 바란다. 현대 의사들은 모든 병의 원인이 스트레스라고 말한다. 마음의 평안은 모든 스트레스를 사라지게 한다. 결국 마음에 평안을 가지는 자는 모든 병이 치유되고 건강한 자가 된다.

마음은 마치 차의 엔진과 같다. 축복은 엔진에 윤활유를 붓는 것이고 염려, 근심, 걱정, 불안, 저주는 엔진에 쓰레기를 붓는 것이다. 엔진에 윤활유가 있는 차와 엔진에 쓰레기가 가득한 차는 차원이 다르다.

마음이 지옥인 사람은 아무리 많은 것을 가져도 결국 실패한 인생이다. 그러나 마음에 제사장의 축도를 가지고 사는 사람은 홍해도 건너고 사막도 통과하고 광야도 통과하게 된다. 당신의 마음을 하나님의 주시는 평강으로 가득 채우길 바란다. 탁월한 인생을 살게 될 것이다.

하나님은 광야길을 떠나는 이스라엘 백성을 위해 제사장들에게 제사장의 축복 기도를 매일 하라고 하셨다. 그러면 하나님께서 그 축복 기도를 들으시고 이스라엘 백성에게 복을 내려주시겠다고 약속하셨다.

"그들은 이같이 내 이름으로 이스라엘 자손에게 축복할지니 내가 그들에게 복을 주리라"(민 6:27).

하나님은 '제사장의 축복 기도'를 하면 그 축복대로 이루어 주신다고 약속하셨다. 하나님은 질서의 하나님이시다. 하나님은 제사장을 통해 축복이 흐르게 하신다. '제사장의 축복 기도'는 누구나 쉽게 암송할 수 있는 똑같은 말이지만 매일 제사장의 입술을 통해 나오는 축복 기도를 받고, 그 축복 기도를 매일 마음에 품고, 또 그 축복 기도대로 이루어질 것을 믿고 살아야 한다. 매일 밥을 먹어야 살듯이 축복 기도의 말씀을 매일 듣고 믿어야 영혼이 산다.

> 이스라엘 백성이 그 거친 광야길을
> 통과한 비결은 무엇인가?
> 매일 제사장의 축복 기도라는
> 영적 갑옷을 입고 걸어갔기 때문이다.

당신이 광야에 서 있는가? 아무리 자기 힘으로 감당할 수 없는 거친 광야를 만났다고 하더라도 제사장의 축복 기도를 한다면 하나님의 지키심과 하나님의 은혜와 평강이 임할 것이다. 당신 인생에 광야가 나타난 것은 우연이 아니다. 하나님의 선한 계획이 있다. 광야는 무력한 나를 버리고 겸손히 낮아져서 전능하신 하나님의 손을 붙잡는 시간이다. 당신은 광야와 같은 인생길에서 매일 제사장의 축복 기도를 하고 그 기도대로 하나님께서 지키시고 하나님께서 은혜와 평강 주시는 것을 경험하기 바란다.

하나님은 제사장이 축복한 대로 이루어진다고 약속하셨다. 그리고 그 약속대로 이루어 주셨다. 축복은 예언이다. 예언은 반드시 이루어진다. 이 세 가지 축복 기도는 점진적으로 연결된다.

첫 번째, 하나님이 지키길 원하시는 것은 생명이다.

하나님은 우리 생명을 주신 분이기에 우리 생명이 지켜지길 원하신다.

두 번째, 하나님이 은혜를 베풀어 주시는 것이다.

아무리 생명이 유지된다고 해도 하나님의 풍성한 은혜가 없다면 초라한 인생이 된다. 인생에는 매일 하늘로부터 오는 풍성한 은혜가 필요하다.

세 번째, 하나님께서 마음에 평강을 주시는 것이다.

생명을 유지하고 풍성한 은혜를 받아도 마음에 평강이 없다면 살아도 사는 것이 아닐 것이다. 매일 마음에 평강이 있으면 인생을 사는 모든 순간이 다 축제가 될 것이다. 이 세 가지 축복 기도는 광야 같은 인생길을 사는 우리에게 반드시 필요하다. 매일 이 세 가지 축복 기도를 하길 바란다.

【 Key Point 】

매일 아침에 일어나자마자 제사장의 축복 기도를 하라.

〈 나 자신에게 축복 기도를 하라 〉
하나님, 오늘 나를 지켜주시길 원합니다,
하나님, 오늘 나에게 은혜를 베풀어 주시길 원합니다.
하나님, 오늘 나에게 평강을 주시길 원합니다.

〈 가족을 위해 축복 기도를 하라 〉
하나님, 오늘 가족을 지켜주시길 원합니다.
하나님, 오늘 가족에게 은혜를 베풀어 주시길 원합니다.
하나님, 오늘 가족에게 평강을 주시길 원합니다.

〈 교우들을 위해 축복 기도를 하라 〉
하나님, 오늘 우리 교우들을 지켜주시길 원합니다.
하나님, 오늘 우리 교우들에게 은혜를 베풀어 주시길 원합니다.
하나님, 오늘 우리 교우들에게 평강을 주시길 원합니다.

〈 나라를 위해 축복 기도를 하라 〉

하나님, 오늘 우리나라를 지켜주시길 원합니다.

하나님, 오늘 우리나라에 은혜를 베풀어 주시길 원합니다.

하나님, 오늘 우리나라에 평강을 주시길 원합니다.

하나님은 우리가 축복한 대로, 기도한 대로 이루어 주실 것이다. 축복은 모든 관계를 좋게 만들어 준다. 당신이 자녀를 위해 축복을 많이 하면 자녀와 관계가 좋아질 것이다. 당신이 아내를 위해 축복을 많이 하면 부부관계가 좋아질 것이다. 당신이 교우들을 위해 축복을 많이 하면 교우들과의 관계가 좋아질 것이다.

〈 확장한 제사장의 축복 기도 〉

첫 번째, 보호하심과 지키심

하나님, 천군 천사로 둘러 진치시고 보호하소서.

하나님, 악으로부터 지켜주옵소서.

하나님, 유혹으로부터 지켜주옵소서.

하나님, 사고로부터 지켜주옵소서.

하나님, 질병으로부터 지켜주옵소서.

두 번째, 은혜 주심

하나님, 죄 사함의 은혜를 주옵소서.

하나님, 회복의 은혜를 주옵소서.

하나님, 형통의 은혜를 주옵소서.

하나님, 만남의 은혜를 주옵소서.

세 번째, 평강 주심

하나님, 마음에 평강을 주옵소서.

하나님, 마음에 근심이 없게 하옵소서.

하나님, 감정의 요동이 없게 하옵소서.

하나님, 오늘 스트레스 없는 날이 되게 하옵소서.

하나님, 평생 마음에 평강을 주옵소서.

하나님, 마음이 천국이 되게 하옵소서.

인생은 축복이 전부다. 은혜보다 더 큰 것이 축복이다. 축복 안에 은혜가 있다. 이 축복은 하나님이 주셔야 하는 것이다. 우리가 할 수 있는 일은 기도로 축복을 쌓는 것뿐이다. 축복을 쌓으면 언젠가 축복의 댐이 열린다.

"

내가 오늘 명하는 모든 명령을 너희는 지켜 행하라. …네 하나님 여호와께서 이 사십 년 동안에 네게 광야 길을 걷게 하신 것을 기억하라. 이는 너를 낮추시며 너를 시험하사 네 마음이 어떠한지 그 명령을 지키는지 지키지 않는지 알려 하심이라. …너는 사람이 그 아들을 징계함 같이 네 하나님 여호와께서 너를 징계하시는 줄 마음에 생각하고 네 하나님 여호와의 명령을 지켜 그의 길을 따라가며 그를 경외할지니라. …내가 오늘 네게 명하는 여호와의 명령과 법도와 규례를 지키지 아니하고 네 하나님 여호와를 잊어버리지 않도록 삼갈지어다. 네가 먹어서 배부르고 아름다운 집을 짓고 거주하게 되며 또 네 소와 양이 번성하며 네 은금이 증식되며 네 소유가 다 풍부하게 될 때에 네 마음이 교만하여 네 하나님 여호와를 잊어버릴까 염려하노라. 여호와는 너를 애굽 땅 종 되었던 집에서 이끌어 내시고 너를 인도하여 그 광대하고 위험한 광야 곧 불뱀과 전갈이 있고 물이 없는 간조한 땅을 지나게 하셨으며 또 너를 위하여 단단한 반석에서 물을 내셨으며 네 조상들도 알지 못하던 만나를 광야에서 네게 먹이셨나니 이는 다 너를 낮추시며 너를 시험하사 마침내 네게 복을 주려 하심이었느니라. 신명기 8:1-16.

"

SECTION 3

하나님은 왜 우리가 광야길을 걷게 하시는가?

S·E·C·T·I·O·N·3
하나님은 왜 우리가 광야길을 걷게 하시는가?

하나님은 출애굽 한 이스라엘 백성을 곧바로 지중해 해변 길(블레셋 길)을 통해 2주 정도면 되는 직선코스로 가나안에 들어가게 하실 수도 있었다. 그런데도 하나님은 이스라엘 백성이 홍해를 건너게 하시고 광야길을 통과하여 시내산에 가게 하시고 또 광야를 지나 가나안에 들어가게 하셨다. 그들이 시내산에서 출발하여 바란 광야를 통과하여 가나안 입구까지 도착한 시간은 정확하게 기록되어 있지 않다. 그러나 그 시간을 계산해 보면 약 10개월 정도 된다.

모세는 시내산에서 가데스 바네아까지 거리가 열 하룻길이라고 말한다. "호렙산에서 세일산을 지나 가데스 바네아까지 열 하룻길이었더라"(신 1:2). 이것은 시내산에서 가데스 바네아까지 11일 걸렸다는 것을 말하는 것이 아니라 이렇게 짧은 거리를 불순종으로 40년의 세월을 보냈다는 것을 대조적으로 말하는 것이다.

이스라엘 백성들의 출애굽 여정을 잠깐 정리해 보면 다음과 같다. 출애굽 해서(출 12:37, 민 33:3) 시내산까지 2달(출 19:1), 시내산 기슭에서 11개월 5일 머묾(민 10:11), 시내산에서 가데스 바네아까지 10개월, 가데스 바네아에서 40일 정탐, 다시 광야로 되돌아가서 38년(신 2:14)으로 정리할 수 있다.

하나님께서 이스라엘 백성을 약 2년에 걸쳐 광야를 통과하여 가나안 입구에 도착하게 하시고 또다시 38년 광야 생활을 합하면 총 40년 동안 광야 생활을 하게 하신 이유는 무엇인가? 그렇게 하심에는 우리가 모르는 하나님의 계획이 있다.

[하나님의 백성이 낮아지길 원하신다]

"네 하나님 여호와께서 이 사십 년 동안에 네게 광야길을 걷게 하신 것을 기억하라. 이는 너를 낮추시며 너를 시험하사 네 마음이 어떠한지 그 명령을 지키는지 지키지 않는지 알려 하심이라"(신 8:2).

하나님은 애굽에서 430년 동안 노예로 살았던 이스라엘 백성을 출애굽 시키시고 광야에 있는 시내산 기슭에 약 1년 동안 머물게 하시면서 모세를 통해 율법을 전하였다. 광야는 히브리어로 '미드바르'이다. 장소를 뜻하는 '미'라는 접두어와 말씀을 뜻하는 '다바르'라는 단어의 합성어이다. 즉 광야는 말씀을 듣는 장소를 말한다.

하나님은 이스라엘 백성이 애굽 땅에 있을 때는 율법을 주시지 않았고 광야에서 하나님의 말씀인 율법을 주셨다. 사람은 이상하게 잘 먹고 잘살면 하나님 말씀이 잘 들리지 않는다. 그런데 병들거나 춥고 먹을 것이 없으면, 즉 광야에 가면 하나님 말씀이 잘 들린다. 그래서 광야는 은혜의 장소라고 말한다.

하나님은 시내산 기슭 광야에서 이스라엘 백성에게 율법을 전한 뒤에 약 1년이 지나자 그들이 다시 광야를 지나가게 하셨다. 하나님께서 그들을 계속 광야로 지나가게 하심은 그들을 낮추시기 위함이었다. 하나님은 이스라엘 백성이 시내산 기슭에 머물다가 광야로 떠나기 전에 그들을 향해 목이 곧은 백성이라고 여러 번 말씀하셨다.

"여호와께서 또 모세에게 이르시되 내가 이 백성을 보니 목이 뻣뻣한 백성이로다"(출 32:9).

"너희를 젖과 꿀이 흐르는 땅에 이르게 하려니와 나는 너희와 함께 올라가지 아니하리니 너희는 목이 곧은 백성인즉 내가 길에서 너희를 진멸할까 염려함이니라 하시니"(출 33:3).

"여호와께서 모세에게 이르시기를 이스라엘 자손에게 이르라. 너희는 목이 곧은 백성인즉 내가 한순간이라도 너희 가운데에 이르면 너희를 진멸하리니 너희는 장신구를 떼어 내라"(출 33:5).

'목이 곧다'는 말은 교만하다는 뜻이다. 아니 이스라엘 백성은 노예로 430년 동안 살았는데 그들에게 교만이 가득하였다는 것이 잘 이해되지 않지만, 그것이 바로 인간의 죄성이다. 인류의 첫 조상 아담의 가장 큰 문제도 교만이었다. 아담은 선악과를 먹지 말라는 하나님 말씀을 듣지 않고 선악과를 먹는 죄를 범하였다. 아담이 선악과를 먹은 이유는 이 선악과를 먹으면 하나님처럼 높아진다는 사탄의 말 때문이었다.

"너희가 그것을 먹는 날에는 너희 눈이 밝아져 하나님과 같이 되어 선악을 알 줄 하나님이 아심이니라"(창 3:5).

아담은 자신이 피조물임에도 불구하고 창조주처럼 높아지길 원했다. C. S. 루이스는 "교만은 영적인 암"이라고 하였다. 아담의 범죄로 인류는 하나님으로부터 분리되어 영원한 외로움, 영원한 자원 결핍, 영원한 애정 결핍, 영원한 열등감, 영원한 두려움을 가지게 되었다. 우리는 하나님과 분리되면 살 수 없는 피조물임에도 아담의 죄를 물려받아 늘 교만을 드러낸다. 우리 핏속에 흐르는 이 교만은 저절로 없어지지 않는다.

이스라엘 백성은 비록 노예로 살았지만 그들 마음에는 아담이 물려준 죄성인 교만이 가득하였다. 그런데도 하나님은 이스라엘 백성을 사랑하셔서 그들을 광야로 보내 낮아지게 하셨다. 결국 이스라엘 백성에게 광야를 허락하심은 그들을 향한 하나님의 사랑이었다.

광야는 자기 실력, 자기 능력, 자기 지혜로 통과할 수 없는 곳이다. 광야는 하나님의 도움 없이는 단 하루도 살 수 없는 곳이다. 하나님은 이스라엘 백성을 광야로 보내셔서 이스라엘 백성이 하나님의 도우심 없이 살 수 없음을 몸으로 경험하게 하셨다. 이스라엘 백성은 광야를 지나면서 아담으로부터 물려받은 "내 인생 내 마음대로 산다"는 그 교만한 마음이 깨어지고 낮아지기 시작하였다. 모든 광야는 교만한 자를 낮아지게 한다.

모세는 지난 40년의 광야 생활을 회고하면서 하나님이 이스라엘 백성에게 광야를 허락하신 이유는 낮아지게 하려 함이라고 말한다.

"네 하나님 여호와께서 이 사십 년 동안에 네게 광야길을 걷게 하신 것을 기억하라. 이는 너를 낮추시며"(신 8:2).

하나님은 광야를 통해 우리의 교만을 드러내고 겸손하게 하신다. 잠언은 교만한 자는 망한다고 말한다.

"교만은 패망의 선봉이요 거만한 마음은 넘어짐의 앞잡이니라"(잠 16:18).
"사람이 교만하면 낮아지게 되겠고 마음이 겸손하면 영예를 얻으리라"(잠 29:23).

바벨론의 느부갓네살 왕은 교만한 삶을 살다가 정신을 잃고 짐승처럼 풀을 뜯어 먹으며 7년을 살았고, 그가 회개하자 하나님께서 다시 회복시켜 주셨다.

"네가 사람에게서 쫓겨나서 들짐승과 함께 살면서 소처럼 풀을 먹을 것이요. 이와 같이 일곱 때를 지내서"(단 4:32).

예수님 당시 헤롯 왕은 자신을 신처럼 여기고 자신을 높이다가 즉각 심판을 받고 죽었다.

"헤롯이 영광을 하나님께로 돌리지 아니하므로 주의 사자가 곧 치니 벌레에게 먹혀 죽으니라"(행 12:21-23).

교만은 우리의 인생을 망하게 함을 알고 하나님 앞에 철저히 낮아져야 한다. 하나님은 교만한 자는 물리치시고 겸손한 자에게 은혜를 베풀어 주신다.

"그러나 더욱 큰 은혜를 주시나니 그러므로 일렀으되 하나님이 교만한 자를 물리치시고 겸손한 자에게 은혜를 주신다 하였느니라"(약 4:6).

교만한 사람은 좀처럼 자신이 교만하다는 사실을
알지 못한다. 이것이 저주다.
자기 교만을 알아야 겸손해진다.
인생 최고의 실력은 겸손이다.
겸손한 자에게는 생각지도 못한
하나님의 놀라운 은혜가 부어진다.
수력발전소는 수차가 클수록 큰 에너지가 발생한다.
마찬가지로 자기가 낮아지고
하나님이 높아지면 큰 능력이 나타난다.

[하나님의 백성이]
하나님의 말씀에 순종하길 원하신다

모세는 하나님께서 이스라엘 백성이 40년 광야길을 걷게 하신 이유를 낮아짐과 함께 동시에 하나님 말씀에 순종하는지 아닌지 시험하시기 위함이라고 말한다.

"네 하나님 여호와께서 이 사십 년 동안에 네게 광야길을 걷게 하신 것을 기억하라 이는 너를 낮추시며 너를 시험하사 네 마음이 어떠한지 그 명령을 지키는지 지키지 않는지 알려 하심이라"(신 8:2).

하나님은 광야에서 이스라엘 백성에게 하나님 말씀인 율법을 주시고 그 말씀에 순종하도록 훈련하신다. 하나님 말씀은 그냥 읽으라고 주신 것이 아니라 순종하라고 주신 것이다. 광야는 순종을 훈련하는 장소다. 광야는 하나님 말씀에 순종함으로 생존이 가능한 곳이다. 하나님께서 광야에서 하늘로부터 만나를 내려 그들을 먹이신 이유도 하나님의 입에서 나오는 모든 말씀에 순종함으로 산다는 것을 알게 하려 함이라고 말씀한다.

"너를 낮추시며 너를 주리게 하시며 또 너도 알지 못하며 네 조상들도 알지 못하던 만나를 네게 먹이신 것은 사람이 떡으로만 사는 것이 아니요. 여호와의 입에서 나오는 모든 말씀으로 사는 줄을 네가 알게 하려 하심이니라"(신 8:3).

떡은 오늘날로 말로 하면 결국 음식을 살 수 있게 하는 돈을 말한다. 하나님은 돈이 우리를 살리는 것이 아니라 하나님의 입에서 나오는 말씀이 우리를 살린다고 말씀하신다.

예수님께서 공생애를 시작하실 때 처음으로 광야에 가서 사탄에게 시험을 받는 장면이 나온다. 예수님은 40일 동안 금식하고 너무나도 지치고 배고픈 상태에 있었다. 이런 예수님에게 사탄이 다가와서 처음으로 한 시험은 "돌을 떡으로 만들어 먹으라"는 것이었다. 예수님은 그때 신명기 8장 3절 말씀으로 사탄의 유혹을 물리치셨다.

"예수께서 대답하여 이르시되 기록되었으되 사람이 떡으로만 살 것이 아니요. 하나님의 입으로부터 나오는 모든 말씀으로 살 것이라 하였느니라 하시니"(마 4:4).

예수님은 육체의 배부름을 주는 떡보다 하나님의 입으로부터 나오는 말씀이 더 중요하다고 말씀하신다. 믿음 생활이라는 것은 하나님 말씀을 삶의 중심에 놓고 그 말씀에 순종하는 삶이다. 앤드류 머레이는 예수를 믿는다는 것은 순종학교에 입학하는 것이라고 말한다. 그만큼 믿음과 순종은 떼려야 뗄 수 없는 불가분의 관계에 있다. 당신이 예수를 믿는데 하나님 말씀에 대한 순종이 없다면 그 믿음은 가짜다.

광야는 하나님 말씀에 순종하면 살고 불순종하면 죽는 곳이다. 이스라엘 백성은 광야에서 텐트를 치고 일상생활을 하다가 성막에서 구름이 움직이고 두 개의 은 나팔이 함께 불면 모든 일상을 다 중단하고 자신의 장막을 걷고 전진해야 했다(민 9:16-23, 민 10:2).

사람이 익숙한 생활을 버리고 새로운 곳을 향해 떠난다는 것은 쉬운 일이 아니다. 그러나 구름이 움직이면 미련 없이 그 자리를 떠났다. 힘들다거나 바쁘다고 순종을 미룰 수 없다. 단 한 번이라도 대열에서 이탈하면 곧바로 죽음이다. 미루는 순종은 순종이 아니다. 광야의 삶은 절대 순종을 요구한다. 또 그들은 구름이 움직이지 않으면 절대로 전진하지 않았다. 그들의 마음에는 하루라도 빨리 광야 생활을 청산하고 가나안에 들어가길 원했을 것이다. 그러나 그들은 구름이 움직이지 않으면 계속 광야에 머물러야 했다. 이스라엘 백성은 언제 떠나느냐, 언제 멈추느냐 묻지 않았다. 그들은 그냥 하나님 뜻에 100% 순종하였다.

하나님은 이스라엘 백성에게 만나를 주시면서 매일 먹을 만큼 가져가라고 하셨다. 말씀에 순종한 자는 평안하게 만나를 먹을 수 있었지만 욕심을 내어 만나를 많이 가져가서 집에 쌓아둔 자는 그 만나가 썩어 벌레가 생기고 코를 찌르는 악취가 났다. 오늘날에도 동일하다. 예수를 믿어도 말씀에 불순종하는 자의 인생에는 악취가 난다(출 16:20). 많이 가지고 있어도 가정이 파괴되고 주변에 있는 사람들이 다 떠난다. 결국에는 자신도 파괴된다. 우리는 떡에 대한 욕심을 버리고 말씀에 순종하며 살아야 한다. 이 말은 돈 따라 살지 말고 말씀 따라 살라는 것이다.

성경에는 불순종으로 망한 자가 많다. 아담의 불순종은 온 인류에게 암보다 훨씬 더 무서운 죄를 물려주었다. 삼손은 이방 여인을 가까이하지 말라는 말씀에 불순종하여 머리가 깎이고 눈이 뽑혀 쇠사슬에 묶여 있다가 비참하게 죽었다. 삼손은 하나님의 큰 사명을 가진 사사로 태어났지만 불순종으로 젊은 날에 죽었다. 여호수아 시대에 아간은 여리고 성의 모든 물건을 하나님께 바치고 그 어떤 것도 취하지 말라는 말씀에 불순종하여 시날산 외투와 금은보화를 숨겼다가 온 가족이 다 돌에 맞아 죽었다.

이스라엘 초대 왕 사울은 아말렉과의 전투에서 아무 전리품도 가지고 오지 말라는 사무엘 선지자가 전하는 하나님의 말씀에 불순종하여 하나님께서 사울 왕을 버리게 된다. 그때 사무엘 선지자는 유명한 말을 남겼다.

"순종이 제사보다 낫고 듣는 것이 숫양의 기름보다 나으니"
(삼상 15:22).

결국 사울 왕은 전쟁에서 갑자기 죽게 되었다. 자기만 죽지 않고 요나단 왕자까지 죽었다. 나의 불순종은 자녀까지 죽게 한다는 것을 기억하라. 광야는 순종하는 자에게 부어지는 축복을 경험하는 장소였다. 순종은 오늘날 우리에게도 동일하게 신앙생활의 필수적인 요소다. 이스라엘 백성은 40년 광야 생활에서 나팔이 불 때마다 순종하였다. 지금 이 글을 읽는 분은 하나님께서 가라고 하면 가고 멈추라고 하면 멈추는 순종의 대가가 되길 바란다. 순종하는 자에게 기적이 있고 은혜가 넘치며 능력이 나타난다.

잠깐, 여기서 이스라엘 백성이 광야를 통과하여 가나안 입구까지 잘 도착했는데 또다시 광야길로 돌아가게 된 충격적인 사건을 다루고자 한다. 이 사건은 너무 중요하여 민수기 13~14장과 신명기 1장에 기록되어 있다. 이스라엘 백성이 가나안 입구 가데스 바네아에

도착하였을 때 하나님은 곧바로 그들에게 가나안으로 들어가라고 말씀하셨다.

"너희의 하나님 여호와께서 이 땅을 너희 앞에 두셨은즉 너희 조상의 하나님 여호와께서 너희에게 이르신 대로 올라가서 차지하라. 두려워하지 말라. 주저하지 말라 한즉"(신 1:21).

그런데 이스라엘 백성이 모세에게 찾아와서 가나안을 먼저 정탐하고 와서 가나안에 들어가자고 하였다. 우리가 잘 아는 대로 열두 정탐꾼이 40일 동안 가나안을 정탐하고 돌아온 후 두 부류로 나누어졌다. 먼저 10명의 정탐꾼은 "거기서 거인들을 보았고 우리는 스스로 보기에도 메뚜기 같다"라는 보고를 하였고, 여호수아와 갈렙은 "그들은 우리의 먹이라. 곧바로 올라가서 가나안 땅을 취하자"라고 하였다. 그런데 이스라엘 백성은 부정적인 보고를 한 10명의 말을 듣고 털썩 주저앉아 밤새도록 울고 절망하였다.

이스라엘 백성은 불평, 불만을 터뜨리고 모세와 아론을 원망하고 하나님도 원망하고 차라리 애굽에서 죽었으면 좋았을 것이라며 애굽으로 돌아가자고 하였다.

"나를 원망하는 이 악한 회중에게 내가 어느 때까지 참으랴. 이스라엘 자손이 나를 향하여 원망하는 바 그 원망하는 말을 내가 들었노라. 그들에게 이르기를 여호와의 말씀에 내 삶을 두고 맹세하노라. 너희 말이 내 귀에 들린 대로 내가 너희에게 행하리니"(민 14:27-28).

하나님은 그들의 말을 들으시고 그들의 말대로 광야에서 죽게 하셨다. 무서운 말씀이다. 불평의 말을 하나님이 듣는다고 하신다. 그러므로 우리는 죽는 날까지 불평의 말을 하지 말아야 한다. 불평, 불만은 우리의 미래를 나쁘게 만든다. 인생이 안 풀리는 사람은 대부분 말이 부정적이다. 다윗의 고백처럼 우리는 입술에 파수꾼을 세우고 말 단속을 해야 한다.

"여호와여 내 입에 파수꾼을 세우시고 내 입술의 문을 지키소서"(시 141:3).

불평불만은 하나님께서
우리에게 예비하신 축복을 차단한다.
지금 있는 장소에서 불평하지 말고 감사하라.
광야는 작은 것 하나에도 크게 감사하는 곳이다.

불평은 지금의 장소를 지옥으로 만들고 감사는 지금 있는 장소를 천국으로 만든다. 어떤 위치에 있든지 하나님의 선한 계획을 믿고 감사하며 광야를 지나가라.

이스라엘 백성은 하나님께서 그들에게 가나안 땅을 주신다고 여러 번 하신 말씀을 믿지 않았다(출 3:8, 6:8, 33:1). 그들은 12명 중 10명이 보고한 그 부정적인 보고를 듣고 가나안으로 올라가라고 하신 말씀에 순종하는 것을 포기하였다.

"그러나 너희가 올라가기를 원하지 아니하고 너희의 하나님 여호와의 명령을 거역하여 장막 중에서 원망하여 이르기를 여호와께서 우리를 미워하시므로 아모리 족속의 손에 넘겨 멸하시려고 우리를 애굽 땅에서 인도하여 내셨도다"(신 1:26-27).

이스라엘 백성은 시내산에서 가나안 입구까지 말씀대로 순종하며 잘 왔다. 이제 가나안 땅에 올라가서 그 땅을 차지하면 된다. 그런데 그 결정적인 순간에 그들은 실패와 패배를 생각하고 지레 낙심하여 포기하였다. 왜 그랬는가?

12명 중 10명은 다수의 의견이다. 그 10명은 각 지파에서 뽑은 뛰어난 리더들이다. 어쩌면 이들의 말이 상식적이고 합리적일 수 있다. 사실 이스라엘 백성은 광야에서 빙빙 돌기만 한 오합지졸이다. 반면에 가나안 땅 사람들은 오랫동안 강한 성읍을 가지고 있었고 뛰어난 무기와 군대가 있었다. 그래서 가나안으로 올라가라는 말씀에 불순종한 것이다.

이스라엘 백성의 치명적인 실수는 자기 최고의
군대와 무기가 하나님이신 것을 잊어버린 것이다.

때때로 우리는 자기가 생각하는 합리적인 생각에 갇혀 하나님의 무한한 능력을 제한하고 의심할 때가 많다. 모세는 부정적인 보고를 듣고 낙심하여 원망하는 백성에게 이스라엘 백성보다 먼저 가서 싸우실 하나님이 계심을 말씀한다.

"너희보다 먼저 가시는 너희의 하나님 여호와께서 애굽에서 너희를 위하여 너희 목전에서 모든 일을 행하신 것 같이 이제도 너희를 위하여 싸우실 것이며… 이 일에 너희가 너희의 하나님 여호와를 믿지 아니하였도다. 그는 너희보다 먼저 그 길을 가시며 장막 칠 곳을 찾으시고 밤에는 불로, 낮에는 구름으로 너희가 갈 길을 지시하신 자이시니라"(신 1:30-33).

하나님은 언제나 우리보다 먼저 가서 싸워주시는 분이다. 우리 하나님은 우리가 가야 할 길을 먼저 예비하고 인도하신다. 모세는 이스라엘 백성이 가나안에 올라가지 않은 것은 여호와 하나님을 믿지 않았기 때문이라고 말한다. 즉 순종은 믿음의 문제다.

이스라엘 백성은 가나안 입구까지 오면서 하나님이 매일 구름기둥, 불기둥으로 인도하셨음을 잊어버렸다. 이스라엘 백성이 광야를 통과하여 가나안 입구까지 오게 한 것은 누구의 힘인가? 광야에서 매일 아침에 만나를 주신 분이 누구인가? 그러면 다음 가나안 땅을 차지하게 하는 이가 누구인가? 이스라엘 백성은 매일 하나님께서 베푸신 기적을 보고 누렸다. 그러나 그들은 그 능력의 하나님을 신뢰하고 믿고 순종할 마음이 없었다. 결국 그들은 하나님을 이용하는 자였다. 하나님은 이스라엘 백성이 광야에서 매일 수많은 기적을 보고도 하나님의 말씀에 불순종하는 것에 진노하셨다.

"여호와께서 너희의 말소리를 들으시고 노하사 맹세하여 이르시되 이 악한 세대 사람들 중에는 내가 그들의 조상에게 주기로 맹세한 좋은 땅을 볼 자가 하나도 없으리라"(신 1:34-35).
"내 영광과 애굽과 광야에서 행한 내 이적을 보고서도 이같이 열 번이나 나를 시험하고 내 목소리를 청종하지 아니한 그 사람들은 내가 그들의 조상들에게 맹세한 땅을 결단코 보지 못할 것이요, 또 나를 멸시하는 사람은 한 사람도 그것을 보지 못하리라"(민 14:22-23).

매일 하나님의 은혜를 누리면서 하나님 말씀에 불순종하는 자는 하나님을 멸시하는 것이다. 하나님은 열두 정탐꾼 중에 부정적인 보고를 한 자들을 그 자리에서 죽게 하시고 불순종하는 이스라엘 백성을 가나안 땅에 들어가지 못하게 하시고 여호수아와 갈렙만 가나안 땅에 들어가게 하셨다.

왜 여호수아와 갈렙만 가나안 땅에 들어갔는가?

"오직 여분네의 아들 갈렙은 온전히 여호와께 순종하였은즉 그는 그것을 볼 것이요. 그가 밟은 땅을 내가 그와 그의 자손에게 주리라 하시고"(신 1:36).

출애굽 한 1세대 이스라엘 200만 명이 모두 매일
기적을 보았지만 모두 광야로 되돌아가 광야에서 다 죽었다.
오직 200만 명 중에서 여호수아와 갈렙 두 사람만
하나님 말씀에 온전히 순종하여 가나안으로 들어갔다.
이 사실은 충격적이지만 정말 일어난 사실이다.
오늘날에도 하나님을 믿는 자가 많다고 하지만
결정적인 순간에 하나님 말씀에 100% 순종하는 자는 드물다.
사실 여호수아와 갈렙은 위험한 순종,
목숨을 거는 절대 순종을 선택한 자이다.
하나님은 하나님 말씀에 절대 순종하는 자를 통해
하나님의 놀라운 일을 행하신다.

하나님은 오늘도 우리에게 하나님 말씀에 대한 절대 순종을 원하신다. 우린 가나안 축복은 좋아하면서 위험한 순종, 목숨을 거는 순종은 하지 않는다. 당신은 여호수아와 갈렙처럼 하나님의 말씀에 절대 순종하는 자인가? 지금 이 시간 조용히 생각해 보라. 자기 속에 하나님께서 기뻐하시지 않는 죄가 있는지, 자신만 아는 죄가 있는지. 죄가 있다면 목숨을 걸고 버리라. 불순종은 우리의 비전을 녹슬게 하고 미래를 어둡게 하며 광야의 삶을 계속 살게 한다. 지금 이 순간 절대 순종의 길로 가라. 하나님은 절대 순종하는 자에게 놀라운 미래를 열어 주신다.

"너희가 즐겨 순종하면 땅의 아름다운 소산을 먹을 것이요"
 (사 1:19).

여호수아와 갈렙이 가나안에 들어간 것은
그들의 실력이나 재력이나 지혜가 아니라
하나님을 향한 절대 순종을 가졌기 때문이다.
하나님께서 이스라엘 백성을
곧바로 가나안으로 들어가게 하지 않으시고
굳이 광야를 통과하게 하신 가장 큰 이유는
그들이 자기 실력, 자기 능력, 자기 생각,
자기 지혜를 내려놓고 겸손히 하나님을 향한
절대 순종을 가지도록 하기 위함이었다.

현대인은 과거 사람보다 더 많이 알고 더 똑똑하다. 그래서 순종이 더 어렵다. 그러나 진짜 똑똑한 자는 자기 지혜, 자기 경험을 내려놓고 하나님 말씀에 절대 순종하는 자이다. 현대 기독교인은 말씀에 순종은 하지 않으면서 자신이 큰 믿음을 가지고 있다고 착각한다. 순종 없는 믿음은 가짜다.

하나님의 생각은 우리 생각과 다르고 우리 계획과 다르고 우리 지혜와 다르다. 자기 생각을 버리고 그분의 생각을 따르라. 최고의 선택이 될 것이다.

"이는 내 생각이 너희의 생각과 다르며 내 길은 너희의 길과 다름이니라. 여호와의 말씀이니라. 이는 하늘이 땅보다 높음 같이 내 길은 너희의 길보다 높으며 내 생각은 너희의 생각보다 높음이니라"(사 55:8-9).

[하나님의 백성이]
하나님을 향한 절대 믿음을 갖길 원하신다

모세는 하나님께서 이스라엘 백성이 40년 광야길을 걷게 하신 이유를 낮아지게 함과 동시에 순종을 테스트하시고 또 하나님만 의지하게 함이라고 말한다. 이것은 하나님을 향한 절대 믿음을 가지게 하려는 것이다.

"너를 낮추시며 너를 주리게 하시며 또 너도 알지 못하며 네 조상들도 알지 못하던 만나를 네게 먹이신 것은 사람이 떡으로만 사는 것이 아니요. 여호와의 입에서 나오는 모든 말씀으로 사는 줄을 네가 알게 하려 하심이니라. 이 사십 년 동안에 네 의복이 해어지지 아니하였고 네 발이 부르트지 아니하였느니라"(신 8:3-4).

광야는 하나님이 주시는 만나가 없다면 단 하루도 살 수 없는 곳이다. 하나님은 광야에서 만나를 당연한 것으로 여기지 않도록 6일째는 두 배로 거두게 하셨고 7일째 되는 안식일에는 만나가 내리지 않게 하셨다. 이것은 전적으로 하나님께서 매일 만나를 내려주심을 눈으로 보고 알게 하신 것이며 매일 만나가 내림을 당연히 여기지 말라는 것이다. 이스라엘 백성에게 만나가 내림은 전적으로 하나님을 신뢰하고 의지하게 하려 함이었다.

또 그들에게 광야 40년 동안 의복이 해어지지 않았고 발이 부르트지 않게 하심도 하나님을 절대 신뢰하고 의지하게 하려 함이었다. 광야에서 의복이 없다면 일상생활을 할 수 없게 되고 발이 부르트면 더 이상 행군할 수 없게 된다. 광야 생활에서 가장 중요한 것은 일교차가 큰 지역이기에 뜨거운 태양과 바람을 막아 주는 의복, 뜨거운 모래를 막아 주는 신발이었다. 광야에서 이 두 가지를 갖추지 못하면 바로 죽음으로 직결된다. 이스라엘 백성이 광야에서 의복이 해어지지 않고 발이 부르트지 않게 됨은 전적인 하나님의 은혜다. 모세는 광야의 모든 생활이 다 하나님의 도우심 없이는 불가능하다는 것을 강조한다.

"네 마음이 교만하여 네 하나님 여호와를 잊어버릴까 염려하노라. 여호와는 너를 애굽 땅 종 되었던 집에서 이끌어 내시고 너를 인도하여 그 광대하고 위험한 광야 곧 불뱀과 전갈이 있고 물이 없는 간조한 땅을 지나게 하셨으며 또 너를 위하여 단단한 반석에서 물을 내셨으며 네 조상들도 알지 못하던 만나를 광야에서 네게 먹이셨나니 이는 다 너를 낮추시며 너를 시험하사 마침내 네게 복을 주려 하심이었느니라"(신 8:14-16).

하나님은 이스라엘 백성이 그 광대하고 위험한 광야를 지나게 하셨고 반석에서 물을 내셨으며 만나로 먹이셨다. 하나님께서 이스라엘 백성이 무서운 광야길을 안전하게 통과하게 하심은 광야를 통해 살아 계신 하나님을 향한 절대 믿음을 가지게 하기 위함이었다. 이스라엘 백성이 가나안을 향해 올라가지 않겠다고 하자 하나님은 그들의 믿음 없음을 책망하셨다.

"여호와께서 모세에게 이르시되 이 백성이 어느 때까지 나를 멸시하겠느냐. 내가 그들 중에 많은 이적을 행하였으나 어느 때까지 나를 믿지 않겠느냐"(민 14:11).

여호수아와 갈렙은 광야에서 일어난 매일의 기적을 멀리서 구경하는 구경꾼으로 바라본 것이 아니라 지금 살아 계신 하나님의 역사하심을 생생하게 직접 체험한 것이다. 그들은 광야를 통과하면서 하나님을 향한 절대 믿음을 가졌다.

여기 시내산에서 광야를 지나 2년 만에 가나안 입구에 도착한 출애굽 1세대 이스라엘 백성 중에 가나안에 들어갈 수 있는 자는 여호수아와 갈렙뿐이었고, 그 후 38년 광야 생활을 한 출애굽 2세대는 모두 가나안에 들어갔다. 무슨 차이인가? 광야 생활을 2년만 한 출애굽 1세대는 하나님을 향한 절대 믿음이 없었고 광야 생활 38년 한 출애굽 2세대는 하나님을 향한 절대 믿음을 가졌다. 그래서 그들은 주저하지 않고 가나안에 들어간 것이다.

광야는 하나님의 살아 계심을 생생하게 체험하는 곳이다.
광야는 살아 있는 매 순간이 다 기적이며
하나님의 은혜라는 것을 체험하는 곳이다.
광야는 하나님과 깊은 친밀감은 누리게 하는 곳이다.
광야는 하나님을 향한 절대 믿음을 가지게 하는 곳이다.

지금 우리에게 주어진 매 순간이 다 하나님께서 베풀어 주시는 기적이다. 해 뜨는 것, 바람 부는 것, 꽃이 피는 것, 숨 쉬는 것, 그 어느 것 하나도 우연히 된 것이 없고 모두 하나님이 베풀어 주시는 은혜이다. 매일 매 순간을 당연히 여기지 말라. 하나님의 은혜가 아니면 우리의 존재 자체가 불가능하다. 모든 순간의 기적을 구경꾼으로 보지 말고 하나님의 살아 계심을 느끼며 하나님을 향한 절대 믿음을 가지라.

당신에게 주어진 광야를 낭비하지 말고 하나님을 향한 절대 믿음을 가지는 기회로 삼으라. 하나님을 향한 절대 믿음을 가진 자가 가나안을 차지하게 된다. 모세는 신명기 8장 한 장에서만 살아 계신 하나님을 기억하라는 말씀을 두 번(2절, 18절) 말하고 하나님을 잊어버리지 말라는 말을 세 번(11절, 14절, 19절) 말씀한다. 그만큼 모세는 하나님을 향한 절대 믿음을 가져야 함을 강조하는 것이다.

[하나님의 백성에게 복 주시길 원하신다]

"네 조상들도 알지 못하던 만나를 광야에서 네게 먹이셨나니 이는 다 너를 낮추시며 너를 시험하사 마침내 네게 복을 주려 하심이었느니라"(신 8:16).

모세는 하나님께서 이스라엘 백성이 광야길을 가게 하심은 마침내 복을 주시려 함이라고 말한다. 광야는 이스라엘 백성을 겸손하게 낮추고 하나님 말씀에 순종하게 하시며 하나님을 향한 절대 믿음을 가지게 하여 마침내 복을 주시기 위함이다. 겸손한 자에게 은혜가 부어지고 순종하는 자에게 은혜가 부어지며 하나님을 향한 절대 믿음을 가진 자에게 마침내 복을 주신다. 결국 광야는 가나안의 복을 차지할 수 있는, 하나님을 향한 절대 믿음을 가지게 해주는 장소다.

모세가 이 말을 할 때는 아직 가나안을 차지하기 전이었다. 그러나 정말 모세의 말대로 이스라엘 백성은 마침내 가나안을 차지하였다. 우리 삶이 아직 광야 속에 있어도 마침내 복이 될 것이다. 우리 삶도 광야와 같다. 우리 삶에 나타나는 모든 고난은 다 광야다. 당신의 삶에 고난이 나타났다고 낙심하거나 절망하지 말라. 그 고난은 당신을 낮아지게 만들고 하나님 말씀에 순종하게 해주며 하나님을 향한 절대 믿음을 가지게 해준다.

당신의 인생에 나타난 광야는 잠시 머물 장소일 뿐이다. 하나님은 당신의 광야에 반드시 길을 내고 당신의 사막에 강을 내길 원하신다.

"보라. 내가 새 일을 행하리니 이제 나타낼 것이라. 너희가 그것을 알지 못하겠느냐. 반드시 내가 광야에 길을 사막에 강을 내리니"(사 43:19).

다윗은 억울하게 들로, 산으로 도망 다니는 광야의 삶을 통해 위대한 고백을 하였다.

"고난 당한 것이 내게 유익이라. 이로 말미암아 내가 주의 율례들을 배우게 되었나이다"(시 119:71).

당신이 무슨 고난을 당하더라도 그 고난을 통해 하나님을 향한 절대 믿음을 가진다면 다 유익이 된다. 하나님은 우리 인생에 나타나는 고난을 낭비하지 않으신다. 지금 당신에게 고난이 나타났는가? 더 큰 믿음을 주는 기회가 될 것이다. 당신이 고난 속에서 하나님을 향한 절대 믿음을 가진다면 반드시 복이 될 것이다.

하나님께서 당신에게 고난을 주심은
마침내 복을 주시기 위함이라는 것을 기억하라.
하나님은 우리에게 있는 모든 고난을
마침내 복으로 바꾸시는 분이다.
고난이 올 때 걱정을 초대하지 말라.
고난이 지속될 때 최악을 생각하거나 두려움을 초대하지 말라.
고난이 지속될 때 낙심하거나 절망하지 말라.
오히려 지금 당신 인생에 있는 모든 고난을
복으로 바꾸실 하나님을 기대하라.

피터 허쉬라는 유대인 변호사의 간증이다.

그는 유대인 랍비를 양성하는 뉴욕에 있는 명문 예쉬바 대학에서 법학을 공부하고 유명한 변호사가 되었다. 그는 큰돈을 벌어 하와이의 카우아이섬에서 사무실을 내고 성공적인 삶을 살고 있었다. 그의 부인은 예수님을 믿는 믿음이 좋은 기독교인이었지만 그는 유대인으로 예수님을 믿지 않았다.

그가 어느 날 부인과 함께 하와이 해변을 거닐고 있는데 부인이 "여보 우리가 큰 축복을 받았습니다. 이 모든 축복을 허락하신 예수님께 감사드립시다." 그는 순간 "뭐, 예수님께 감사하라고? 아니야, 당신은 나에게 감사해야 해. 내가 최선을 다했다고."

믿음이 좋은 부인은 계속 남편이 예수님을 만나도록 기도하였다. 그로부터 며칠이 안 되어 새로운 투자자가 나타나 그에게 큰 회사의 사장 자리를 인수하라고 요청하였다. 그 수입은 엄청난 것이었다. 그때 그는 세른세 살이었다. 그는 기업을 인수하고 4개월 만에 그 회사에 부실이 있음을 알고 그 회사를 떠났다.

그런데 6개월 후에 연방 무역협회에서 그를 고소하였다. 그는 딱 4개월밖에 있지 않았지만 옛 소유주들과 이전에 일하던 자들은 아무도 소송당하지 않고 오로지 그만 소송을 당하게 되었다. 8천5백만 달러(1200억)가 벌금으로 부과되었다. 실력으로 열심히 살면 된다던 모든 것이 끝나 버렸다. 변호사 일도 멈추었다. 소송에 들어가는 비용을 견디지 못해 조그마한 아파트로 이사를 했다.

그는 이 모든 압박을 이기지 못해 우울증이 찾아왔다. 그러나 그의 아내는 조금도 변함없이 그를 사랑해주고 마음에 평온을 유지하고 있었다. 그는 2주 동안 한숨도 못 잤다. 인생의 밑바닥에 떨어졌다. 예수님이 어디 있느냐고 큰소리치던 교만이 꺾어지고 낮아졌다. 그는 평생 처음으로 "예수님 당신이 존재한다면 나를 도와주십시오. 나에게는 내일이 없습니다. 나는 당신의 도움이 필요합니다"라고 기도했다.

그때 그의 머릿속에 두 개 단어가 떠올랐다. "나를 믿어라." 그는 그분이 예수님인 줄 알고 "예수님, 믿습니다"라고 말하였다. 그러자 참 놀라운 일이 일어났다. 그냥 마음에 평화가 임하였다.

그는 그다음 날부터 달라졌다. 가족, 친구, 친척들이 모두 물었다. "어떻게 그렇게 평온할 수가 있는가?" 곧 그는 소송에서 승소하였다. 그 후 그는 자신의 모든 축복은 예수님 때문이라고 고백하는 자가 되었고, 지금은 세계에서 가장 큰 유대인 교회인 바룩하셈 교회에서 랍비로 섬기고 있다.

사람은 왜 일이 어려우면 예수 믿기 쉬워지는가? 왜 암이 생기면 예수 믿기 쉬워지는가? 왜 하던 일이 무너지면 예수 믿기가 쉬워지는가? 자기가 별것 아님을 알기 때문이다. 모든 사람은 자신이 아무 것도 아님을 아는 고난의 시간이 필요하다. 자기가 아무것도 아님을 알고 예수 앞에 엎드리는 사람에게는 소망이 있다. 당신 인생에 고난이 왔는가? 하나님을 죽도록 의지하는 자가 되라. 하나님은 고난을 복으로 바꾸어 주실 것이다.

나는 1997년 12월 미국으로 유학을 떠났다. 그때 한국은 IMF가 터져 1달러에 800원 하던 것이 1900까지 치솟았다. 한국은 정말 경제 위기 그 자체였다. 내 주변에 있는 사람이 다 내가 유학을 떠나는 것을 말렸다. 그러나 나는 단돈 2천만 원을 가지고 가족을 데리고 미국으로 갔다. 환율이 너무 높으니 2천만 원이 천만 원의 가치밖에 되지 않았다. 미국에 가서 5년 된 중고차를 천만 원을 주고 사고 나머지 돈으로 학비를 내고 살림 도구 몇 개를 샀더니 바닥이 났다. 그때 우리 집 구호는 "1불 모아 1000불 된다"였다. 정말 가난한 유학 생활을 하였다. 학교에 가서 수업하는데 20년 동안 배운 영어가 귀에 들리지 않았다. 나는 학교에서 거의 바보였다.

볼티모어에 있는 한인교회에서 주일 저녁 설교를 부탁해서 4시간이나 되는 거리를 운전하여 갔다. 초행길이라 여기저기 헤매다가 예배 시간이 늦을 것 같아 속도를 내었는데 경찰에게 잡혀 경고를 받고 법정에 출두하라는 통지를 받게 되었다. 정말 앞이 캄캄했다. 나는 깊고 어두운 동굴에 갇힌 것 같았다. 학교에서는 바보, 집에서는 돈이 없는 가난뱅이, 사회적으론 자동차 속도위반으로 법정에 가야 하는 범죄자가 된 기분….

그때 매일 아침 큐티를 하는 중에 마음에 이런 음성이 들렸다.

"내가 쓰는 인물은 다 광야길을 갔다." 그 음성이 캄캄한 동굴에 갇힌 나에게 환한 빛으로 다가왔다. 세상 사람은 광야를 만나면 낙심하고 절망하지만 우리 그리스도인은 광야에 가면 하나님을 만난다. 나는 그 순간 하나님을 꽉 붙잡았다. 그리고 담대해졌다. 그 후 내게는 전혀 새로운 유학 생활이 펼쳐졌다. 섬길 교회가 나타났고 매달 집회가 잡히고 유학 생활 내내 집회를 다녔다. 나의 유학 생활은 한국으로 돌아가 개척할 큰 믿음을 주었다.

이스라엘 백성이 그 40년 동안 광야길을 무사히 지나갈 수 있었던 비밀이 있었다. 그것은 성경에 잠깐 기록하고 지나간 숨겨진 비밀이다. 바로 제사장의 축복 기도를 매일 하였다는 것이다. 제사장의 축복 기도는 40년 광야의 삶을 살았던 이스라엘 백성에게만 필요한 것이 아니라 오늘날 광야 인생을 사는 우리에게도 모든 환난을 이길 수 있는 비밀 무기다.

"하나님, 나를 지켜주시길 원합니다. 하나님, 나에게 은혜를 베풀어 주시길 원합니다. 하나님, 나에게 평강을 주시길 원합니다."

우리가 만난 광야에서 하나님 앞에 낮아져서 엎드려 그분께 매달려 기도한다면 그 시간은 축복의 시간이 될 것이다. 비록 거친 광야를 지나간다고 하여도 이 제사장의 축복 기도를 매일 하고 그 축복이 이루어질 것을 믿고 전진하라. 그러면 광야에서도 매일 매 순간 살아 계신 하나님을 생생하게 체험하게 될 것이다.

하나님께서 우리에게 허락하신 광야는 허송세월하는 시간이 아니라 제사장의 축복 기도로 하나님의 살아 계심을 체험하는 시간이다. 광야를 지나면서 당신의 믿음은 점점 더 커져 하나님을 향한 절대 믿음을 가지게 해줄 것이다. 하나님을 향한 절대 믿음을 가진 자는 미래에 대한 두려움이 아니라 기대가 넘치는 잔치의 인생이 된다. 하나님을 향한 절대 믿음을 가진 자는 여호수아와 갈렙처럼 아무도 막을 수 없는 절대 강자가 된다. 지금 읽은 말씀을 다 잊어버린다고 해도 한 가지만 꼭 기억하라.

모든 광야는
마침내 복을 주시기 위함이라는 것을….
당신의 인생에 나타난 모든 고난은
마침내 복을 주시기 위함이라는 사실을….

【 Key Point 】

하나님께서 이스라엘 백성을 출애굽 시키고 곧바로 지중해 해변길을 통해 가나안에 들어가게 하지 않고 광야로 가게 하신 이유는 무엇인가?

첫째, 하나님은 이스라엘 백성들을 낮추시길 원하셨다.
사람의 최고 문제는 교만이다. 이 교만은 아담이 우리에게 물려 준 죄성이다. 교만한 자는 하나님의 음성을 들을 수도 없고 음성을 들어도 순종하지 않는다. 우리 인생에 광야가 나타남은 우리를 망하게 하려 함이 아니라 겸손하게 하고 낮아지게 하려 함이다. 하나님은 우리에게 낮아짐을 통해 하나님의 음성을 듣게 하신다.

둘째, 하나님은 이스라엘 백성이 하나님 말씀에 순종하길 원하셨다.
우리 앞에는 매일 축복과 저주가 놓여 있다. 말씀에 순종하면 축복을 누리고 불순종하면 저주가 임한다. 날마다 순종으로 영적 거장이 되길 바란다. 영적 거장은 순종으로 만들어진다. 오늘날 성경을 아는 사람은 많은데 순종하는 자가 없어서 영적 거장이 나타나지 않는다.

셋째, 하나님은 이스라엘 백성이 하나님을 향한 절대 믿음을 가지길 원하셨다.

출애굽 1세대는 모두 광야에서 매일 기적을 보았다. 구름 기둥, 불기둥, 만나, 반석에서 물이 나는 것…. 그러나 그들은 하나님을 향한 절대 믿음이 없었다. 그들의 광야 생활은 인생 낭비였다. 오로지 여호수아와 갈렙만 하나님을 향한 절대 믿음을 가졌다. 당신에게도 여호수아와 갈렙같이 하나님을 향한 절대 믿음을 가지고 매일의 삶이 기적이 되길 바란다.

넷째, 하나님은 이스라엘 백성에게 복을 주시길 원하신다.

이스라엘 백성에게 광야는 망하게 함이 아니라 하나님을 향한 절대 믿음을 가지게 하여 가나안이라는 축복을 받게 하는 장소였다. 지금 당신에게 있는 광야를 낭비하지 말라. 모든 광야는 하나님의 말씀을 듣게 하고 가나안에 들어가는 축복된 장소이다.

지금 당신에게 광야가 나타났다고 절대 포기하지 말라. 광야를 지난 이후에는 마침내 복이 될 것이다.

고난 때문에 망한 사람은 아무도 없다. 단지 고난 때문에 포기하여 망한 것이다. 당신에게 있는 고난은 당신을 망하게 하지 않는다, 그 고난은 하나님을 만나는 기회이다. 포기하지 말라. 그 고난은 마침내 반드시 복이 될 것이다. 하나님은 당신에게 복을 주기 원하시는 분이다. 당장 눈에 보이는 어려운 상황을 바라보고 낙심하거나 패배를 말하지 말고 하나님 말씀을 붙잡고 전진하라.

> 여호와께서 모세에게 말씀하여 이르시되 아론과 그의 아들들에게 말하여 이르기를
> 너희는 이스라엘 자손을 위하여 이렇게 축복하여 이르되
> 여호와는 네게 복을 주시고 너를 지키시기를 원하며
> 여호와는 그의 얼굴을 네게 비추사 은혜 베푸시기를 원하며
> 여호와는 그 얼굴을 네게로 향하여 드사 평강 주시기를 원하노라 할지니라 하라.
> 그들은 이같이 내 이름으로 이스라엘 자손에게 축복할지니
> 내가 그들에게 복을 주리라. 민수기 6:22-27.
>
> 그러나 너희는 택하신 족속이요 왕 같은 제사장들이요
> 거룩한 나라요 그의 소유가 된 백성이니 이는 너희를 어두운 데서 불러 내어
> 그의 기이한 빛에 들어가게 하신 이의
> 아름다운 덕을 선포하게 하려 하심이라. 벧드로전서 2:9.

S·E·C·T·I·O·N·4

축복의 대가가 되라

S·E·C·T·I·O·N·4
축복의 대가가 되라

교회에서 복을 말하면 좀 촌스럽게 여기고 기복주의라고 비난한다. 그것은 성경을 잘 몰라서 하는 말이다. 성경에서 말하는 축복과 기복주의는 다르다.

첫 번째, 대상이 다르다. 우리가 우리에게 복을 줄 수 없는 우상이나 돌이나 나무에 복을 빈다면 그것은 미신이며 기복주의이다. 그러나 복의 근원이신 하나님에게 복을 달라고 하는 것은 마치 자녀가 부모에게 도움을 구하는 것처럼 당연한 일이다. 성경에는 많은 믿음의 사람이 하나님에게 복을 달라고 기도하였고 하나님은 그 기도에 응답하셨다. 예수님도 우리에게 기도하면 좋은 것을 주신다고 말씀하셨다.

"구하라. 그리하면 너희에게 주실 것이요. 찾으라. 그리하면 찾아낼 것이요. 문을 두드리라. 그리하면 너희에게 열릴 것이니 구하는 이마다 받을 것이요. 찾는 이는 찾아낼 것이요. 두드리는 이에게는 열릴 것이니라. 너희 중에 누가 아들이 떡을 달라 하는데 돌을 주며 생선을 달라 하는데 뱀을 줄 사람이 있겠느냐. 너희가 악한 자라도 좋은 것으로 자식에게 줄 줄 알거든 하물며 하늘에 계신 너희 아버지께서 구하는 자에게 좋은 것으로 주시지 않겠느냐"(마 7:7-11).

두 번째, 복을 구하는 목적이 다르다. 기복주의는 도덕도 윤리도 없고 오로지 자신의 유익만 구한다. 그러나 성경은 축복을 구하는 자가 자신의 욕심만을 구하면 들으시지 않는다고 말씀하신다.

"너희는 욕심을 내어도 얻지 못하여 살인하며 시기하여도 능히 취하지 못하므로 다투고 싸우는도다. 너희가 얻지 못함은 구하지 아니하기 때문이요 구하여도 받지 못함은 정욕으로 쓰려고 잘못 구하기 때문이라"(약 4:2-3).

하나님은 우리가 무조건 복을 구하는 기도를 하면 다 들어주시는 것이 아니라 우리의 인격과 행위와 믿음을 보고 복 주시는 분이다. 하나님은 아브라함에게 복을 주셨다.

"내가 너로 큰 민족을 이루고 네게 복을 주어 네 이름을 창대하게 하리니 너는 복이 될지라. 너를 축복하는 자에게는 내가 복을 내리고 너를 저주하는 자에게는 내가 저주하리니 땅의 모든 족속이 너로 말미암아 복을 얻을 것이라 하신지라"(창 12:2-3).

하나님께서 아브라함에게 복을 주심은 주변 사람을 축복하시기 위함이었다. 영적인 아브라함의 자손인 우리도 자기 주변 사람에게 복을 주는 통로로 살아야 한다.

"그런즉 너희가 먹든지 마시든지 무엇을 하든지 다 하나님의 영광을 위하여 하라"(고전 10:31).

당신이 하나님께 복을 받아 이웃에게 나누고 섬기는 축복의 통로로 산다면 기복주의가 아니라 하나님께 쓰임 받는 자가 될 것이다.
이제 다시 제사장의 축복을 살펴보자. 나는 광야를 떠나는 이스라엘 백성에게 제사장의 축복 기도를 매일 하라는 하나님의 말씀이 큰 은혜가 되었다. 지금 이 글을 읽는 독자는 축복의 중요성을 알고 꼭 축복의 사람으로 살길 바란다.

[당신은 축복받은 하나님의 제사장이다]

당신이 예수를 믿는다면 당신은 영적인 제사장이다. 예수님은 대제사장이시다.

"그러므로 우리에게 큰 대제사장이 계시니 승천하신 이 곧 하나님의 아들 예수시라"(히 4:14).

베드로는 우리가 예수를 마음에 주인으로 모시면 모두 영적 제사장이라 말한다.

"그러나 너희는 택하신 족속이요 왕 같은 제사장들이요 거룩한 나라요 그의 소유가 된 백성이니"(벧전 2:9).

당신은 영적 제사장이다. 베드로는 우리를 그냥 제사장이 아니라 왕 같은 제사장이라고 한다. '왕 같은 제사장'이란 왕과 같은 권위를 가진 자로서의 제사장이라는 말이다. 왕의 말이 이루어지듯 우리의 말이 이루어진다. 구약의 예를 든다면 애굽에서 노예로 살았던 이스라엘 백성이 출애굽 하여 이제 자유인이 되었고 더 나아가 제사장의 백성이 된 것이다.

"너희가 내게 대하여 제사장 나라가 되며 거룩한 백성이 되리라. 너는 이 말을 이스라엘 자손에게 전할지니라"(출 19:6).

당신은 애굽의 노예로, 노예근성을 가진 자처럼 불평불만으로 살지 말고 왕 같은 제사장으로 축복을 누리는 자로 살아야 한다. 우리가 예수를 믿게 된 것은 자신의 선택이 아니라 예수님의 선택이다.

"너희가 나를 택한 것이 아니요. 내가 너희를 택하여 세웠나니" (요 15:16).

우리가 예수를 믿게 된 것은 어마어마한 축복이다. 그것은 우리 노력이나 선택이 아니라 예수님께서 우리를 선택해 주셨기 때문이다. 깨어지기 쉬운 질그릇과 같은 초라한 존재인데 예수를 믿게 되어 우리 안에 보배이신 예수님이 계신 것은 축복 중의 축복이다.

"우리가 이 보배를 질그릇에 가졌으니 이는 심히 큰 능력은 하나님께 있고 우리에게 있지 아니함을 알게 하려 함이라"(고후 4:7).

예수를 믿는 우리는 먼저 자기가 복을 받은 자로 남들에게 복을 주는 제사장이라는 것을 알아야 한다. 태초에 하나님께서 아담을 만드실 때 원래 축복을 받은 자로 창조하셨다.

"하나님이 자기 형상 곧 하나님의 형상대로 사람을 창조하시되 남자와 여자를 창조하시고 하나님이 그들에게 복을 주시며 하나님이 그들에게 이르시되 생육하고 번성하여 땅에 충만하라, 땅을 정복하라, 바다의 물고기와 하늘의 새와 땅에 움직이는 모든 생물을 다스리라 하시니라"(창 1:27-28).

하나님께서 사람을 만드시고 주신 축복은 크게 두 가지다. 첫 번째는 생육하고 번성하고 충만할 것, 즉 자녀를 많이 낳는 것을 말한다. 이 첫 번째 복은 동물에게도 주신 복이다. 두 번째는 정복하고 다스리는 것이다. 이 두 번째 복은 문화명령이라고도 한다. 이 두 번째 복은 사람에게만 주신 복이다.

하나님은 우리가 이 세상에 하나님 말씀에 맞는 문화를 이루시길 원하신다. 이 두 번째 복은 우리가 이 땅에서 패배자나 피해자로 사는 것이 아니라 이기는 자, 승리자로 살도록 축복하신 것이다. 이것은 일방적으로 하나님이 주신 축복이다. 그런데 아담은 하나님과 관계를 끊고 하나님으로부터 분리되자 이 복을 잃어버리게 되었다.

하나님은 아담의 후손을 노아의 대홍수로 정리하시고 아브라함을 불러 다시 축복하신다.

"여호와께서 아브람에게 이르시되 너는 너의 고향과 친척과 아버지의 집을 떠나 내가 네게 보여 줄 땅으로 가라. 내가 너로 큰 민족을 이루고 네게 복을 주어 네 이름을 창대하게 하리니 너는 복이 될지라. 너를 축복하는 자에게는 내가 복을 내리고 너를 저주하는 자에게는 내가 저주하리니 땅의 모든 족속이 너로 말미암아 복을 얻을 것이라 하신지라"(창 12:1-3).

하나님이 아브라함에게 주신 축복은 큰 민족을 이루게 하는 것과 복의 근원이 되게 하는 것이다. 이것을 아브라함의 복이라고 말한다. 이 아브라함의 복은 그의 아들 이삭에게 그대로 흘러간다.

"여호와께서 이삭에게 나타나 이르시되… 내가 너와 함께 있어 네게 복을 주고 내가 이 모든 땅을 너와 네 자손에게 주리라. 내가 네 아버지 아브라함에게 맹세한 것을 이루어 네 자손을 하늘의 별과 같이 번성하게 하며 이 모든 땅을 네 자손에게 주리니 네 자손으로 말미암아 천하 만민이 복을 받으리라"(창 26:2-4).

이삭에게 주신 복은 두 가지다. 자녀가 번성하는 것과 복의 근원이 되는 것이다. 이것은 아브라함의 복으로 이삭에게 흘러간 것이다. 이삭에게 주신 축복은 또다시 야곱에게 흘러 들어간다.

"그가(야곱) 가까이 가서 그(이삭)에게 입 맞추니 아버지가 그의 옷의 향취를 맡고 그에게 축복하여 이르되 내 아들의 향취는 여호와께서 복 주신 밭의 향취로다. 하나님은 하늘의 이슬과 땅의 기름짐이며 풍성한 곡식과 포도주를 네게 주시기를 원하노라. 만민이 너를 섬기고 열국이 네게 굴복하리니 네가 형제들의 주가 되고 네 어머니의 아들들이 네게 굴복하며 너를 저주하는 자는 저주를 받고 너를 축복하는 자는 복을 받기를 원하노라"(창 27:27-29).

이삭이 야곱에게 축복한 복은 세 가지로 땅의 기름진 축복과 모든 사람을 다스리는 주가 되는 것과 복의 근원이 되는 것이다. 이 복은 아브라함에게 준 복이 이삭을 거쳐 또다시 야곱에게 흘러간 것이다.

이 복은 예수님에게로 흘러 들어가 그다음 예수를 믿는 모든 자에게 흘러간다. 당신이 예수를 믿는다면 이 아브라함의 축복, 즉 복의 근원이 되는 축복을 가졌다.

"그런즉 믿음으로 말미암은 자들은 아브라함의 자손인 줄 알지어다. …먼저 아브라함에게 복음을 전하되 모든 이방인이 너로 말미암아 복을 받으리라 하였느니라. 그러므로 믿음으로 말미암은 자는 믿음이 있는 아브라함과 함께 복을 받느니라"(갈 3:7-9).

당신은 영적 아브라함의 자손으로 복의 근원이다. 당신이 복의 근원이라는 것을 믿으라. 우리는 예수를 믿음으로 말미암아 아브라함에게 주어진 복의 근원이 되는 축복을 받는 자다.

"나는 복의 근원이다."

"나는 복을 받은 자이다."

이 말은 지금 우리가 있는 자리에서 패배주의자로 낙심하며 사는 것이 아니라 복의 근원으로, 자존감이 넘치는 자로 행복하게 지내야 한다는 뜻이다. 당신 자신에게 스스로 좋게 말하라. 오늘부터 아침에 일어나자마자 자기를 축복하라. 먼저 제사장의 축복 기도를 하라.

"하나님, 나를 지켜주시길 원합니다. 하나님, 나에게 은혜를 베풀어 주시길 원합니다. 하나님, 나에게 평강을 주시길 원합니다."

사람은 입으로 나온 말의 열매를 먹는다.

"죽고 사는 것이 혀의 힘에 달렸나니 혀를 쓰기 좋아하는 자는 혀의 열매를 먹으리라"(잠 18:21).

누에는 누에의 입에서 나오는 명주로 자기 집을 짓는다. 사람은 사람의 입술에서 나오는 말로 인생이 만들어진다. 그래서 입술의 말은 그 무엇보다 중요하다. 왜냐하면 하나님께서 우리의 말을 들으시기 때문이다.

당신은 복 받은 자로 창조되었고 다스리는 자, 이기는 자로 창조

되었다. 당신은 복의 근원이다. 당신은 남에게 복을 부어줄 영적 제사장이다. 매일 아침 자신을 복의 근원으로, 이기는 자로 축복하라. 대부분의 사람은 자신을 나쁜 말로 공격한다. "나는 힘들다. 나는 되는 일이 없다. 나를 도와주는 자가 없다. 죽고 싶다. 나는 미래가 없다." 패배를 말하면 패배자가 되고 승리를 말하면 승리자가 된다.

매일 "나는 복 받은 자다. 나는 복의 근원이다. 나는 복을 주는 자다"라고 말하라. 주변 사람에게 칭찬이나 위로를 받으려고 구걸하지 말라. 당신은 이미 복의 근원이다.

다윗은 축복의 말을 품고 그 축복을 믿고 산 대명사다. 다윗은 십대 나이에 목동으로 들판에서 양이나 치며 초라하게 살았는데 사무엘 선지자가 그에게 와서 기름을 부으며 왕이 될 것이라는 축복을 받았다(삼상 16:1,13). 다윗은 사무엘의 축복을 항상 마음에 품고 살았다. 다윗은 비록 도망자로 살아도, 왕이 될 기미가 전혀 보이지 않아도 여전히 축복을 마음에 품고 살았고 그 축복이 이루어질 것을 정말 믿었다. 하나님은 그 다윗의 믿음대로 그의 나이 30세에 갑자기 왕이 되게 하셨다.

아기가 없어 성전에서 눈물로 기도하던 한나는 술 취했냐며 술 끊으라고 책망하는 엘리 제사장에게 "내 주여"라고 말하며 여전히 존경을 표하였다.

"한나가 대답하여 이르되 내 주여 그렇지 아니하니이다. 나는 마음이 슬픈 여자라 포도주나 독주를 마신 것이 아니요. 여호와 앞에 내 심정을 통한 것뿐이오니"(삼상 1:15).

머쓱해진 엘리가 한나에게 이렇게 축복하였다.

"엘리가 대답하여 이르되 평안히 가라. 이스라엘의 하나님이 네가 기도하여 구한 것을 허락하시기를 원하노라 하니"(삼상 1:17).

한나는 엘리 제사장의 축복 기도를 마음에 품고 그대로 믿었다.

"이르되 당신의 여종이 당신께 은혜 입기를 원하나이다 하고 가서 먹고 얼굴에 다시는 근심 빛이 없더라"(삼상 1:18).

그녀는 영성도 없는 엘리 제사장의 축복 기도를 받고 그 축복대로 이루어질 것을 믿고 더 이상 자녀 출생에 대한 불안이나 걱정을 하지 않았다. 이것은 정말 한나의 큰 믿음이다. 축복 기도는 받았는데 걱정한다면 그 축복을 믿지 않는 것이다. 하나님은 엘리 제사장의 기도를 그대로 믿는 한나의 믿음을 보시고 곧바로 한나에게 사무엘이라는 위대한 선지자가 태어나게 하셨다.

축복을 마음에 품고 정말 믿으면 하나님께서 그 믿음대로 행하신다. 잠깐 여기에서 제사장 기도의 중요성을 한 번 더 나누길 원한다. 오늘날 제사장은 목회자다. 당신이 교인이라면 목회자와 관계를 좋게 하고 목회자에게 축복을 받는 자가 되라.

구약의 하나님과 지금의 하나님은 동일하시다. 물론 구약의 제사장과 오늘날 목회자는 다르다 하지만 그래도 역할은 비슷하다. 그러므로 당신 교회의 목회자에게 축복 기도를 받는 것을 가벼이 여겨서는 안 된다. 왜냐하면 하나님은 제사장의 기도를 들으시기 때문이다.

당신이 하나님을 믿는가? 그렇다면 이미 존귀한 자다.

"땅에 있는 성도들은 존귀한 자들이니 나의 모든 즐거움이 그들에게 있도다"(시 16:3).

하나님은 당신을 보배롭고 존귀한 자로 보신다.

"네가 내 눈에 보배롭고 존귀하며 내가 너를 사랑하였은즉…"
(사 43:4).

당신의 모습을 거울에서 한번 보라. 보배롭고 존귀하게 보이는가? 솔직히 아니다. 내가 봐도 나는 별 매력이 없다. 그런데 하나님은 나를 보시고 보배롭게 존귀하게 보신다고 말씀하신다. 이 말씀에 감동이 된다. 이 말씀에 눈물이 난다. 이 말씀에 살 용기가 생긴다.

이 말씀에 안정감이 생긴다. 그러므로 이제 사람의 칭찬이나 인정이나 위로를 구걸하지 말라. 하나님 말씀으로 만족하라.

'보배롭다' '존귀하다' '사랑하였은즉', 이 말씀들은 모두 완료형이다. 그러니까 이미 보배로운 존재이고 존귀한 존재이며 사랑받는 존재라는 뜻이다. 당신이 뭔가를 새롭게 더 잘해야 보배롭고 존귀한 것이 아니다. 하나님은 그냥 지금 당신의 존재 그 자체로 사랑하신다. 당신은 이미 하나님의 눈에 보배롭고 존귀한 자다. 당신 자신을 존귀히 여기라. 성경은 자신을 존귀히 여기지 못하는 사람은 짐승과 같은 자라고 경고하신다.

"존귀하나 깨닫지 못하는 사람은 멸망하는 짐승 같도다"
(시 49:20).

예수님은 우리가 세상의 빛이라고 말씀하셨다(마 5:14). "당신은 세상의 빛이다. 빛이 될 것이다"가 아니라 이미 빛이라는 말씀이다. 빛은 빛을 말해야 한다. 어두움을 말하지 말라. 그것은 당신의 것이 아니다. 당신 안에는 온 우주를 다 밝힐 보배이신 예수님이 계신다. 당신의 존재 자체가 이 세상의 축복이다. 당신을 하필 이 시대에 지금 당신이 있는 장소에 태어나게 하심은 하나님의 계획이며 하나님의 뜻이다.

[당신은 축복을 주는 통로이다]

구약의 축복의 대가는 모세다. 모세는 출애굽 2세인 이스라엘 백성이 광야에 있을 때 그들이 가나안 땅을 차지하게 될 것이라는 하나님의 말씀으로 축복하였다.

"그 땅을 점령하여 거기 거주하라. 내가 그 땅을 너희 소유로 너희에게 주었음이라"(민 33:53).
"내가 너희의 조상 아브라함과 이삭과 야곱에게 맹세하여 그들과 그들의 후손에게 주리라 한 땅이 너희 앞에 있으니 들어가서 그 땅을 차지할지니라"(신 1:8).

모세는 자신의 입으로 출애굽 2세들에게 가나안 땅을 차지하게 될 것이라고 축복하였다.

"네 하나님 여호와께서 네 조상 아브라함과 이삭과 야곱을 향하여 네게 주리라 맹세하신 땅으로 너를 들어가게 하시고 네가 건축하지 아니한 크고 아름다운 성읍을 얻게 하시며"(신 6:10).
"네 하나님 여호와께서 너를 인도하사 네가 가서 차지할 땅으로 들이시고…"(신 7:1).
"네 하나님 여호와께서 너를 아름다운 땅에 이르게 하시나니…"

(신 8:7).

"이스라엘아 들으라. 네가 오늘 요단을 건너 너보다 강대한 나라들로 들어가서 그것을 차지하리니"(신 9:1).

"오늘 너는 알라. …여호와께서 네게 말씀하신 것 같이 너는 그들을 쫓아내며 속히 멸할 것이라"(신 9:3).

"그러므로 너희는 내가 오늘 너희에게 명하는 모든 명령을 지키라. 그리하면 너희가 강성할 것이요 너희가 건너가 차지할 땅에 들어가서 그것을 차지할 것이며"(신 11:8).

"너희가 요단을 건너 너희의 하나님 여호와께서 너희에게 주시는 땅에 들어가서 그 땅을 차지하려 하나니 반드시 그것을 차지하여 거기 거주할지라"(신 11:31).

"여호와께서 이미 말씀하신 것과 같이 네 하나님 여호와께서 너보다 먼저 건너가사 이 민족들을 네 앞에서 멸하시고 네가 그 땅을 차지하게 할 것이며 여호수아는 네 앞에서 건너갈지라"(신 31:3).

모세는 출애굽 2세들에게 하나님께서 약속하신 가나안 땅을 차지하게 될 것을 계속 축복하였다. 정말 모세의 축복대로 출애굽 2세들은 여호수아와 함께 가나안 땅을 차지하였다. 모세가 죽기 직전의 마지막 말은 이스라엘 백성을 향한 축복이었다(신 33장).

모세의 축복을 기록한 신명기 33장의 마지막 절은 그가 얼마나 축복하기를 좋아하는 사람이었음을 말하고 있다.

"이스라엘이여 너는 행복한 사람이로다. 여호와의 구원을 너 같이 얻은 백성이 누구냐. 그는 너를 돕는 방패시요 네 영광의 칼이시로다. 네 대적이 네게 복종하리니 네가 그들의 높은 곳을 밟으리로다"(신 33:29).

모세의 축복이 아니었다면 출애굽 2세들은 가나안 땅을 향해 전진하지 못하였고 그 땅을 차지하지도 못하였을 것이다. 결국 그들은 모세의 축복 때문에 가나안 땅을 차지한 것이다.

신약의 축복의 대가는 예수님이시다. 예수님의 가장 유명한 설교는 마태복음 5장에 나오는 산상수훈이다. 산상수훈 설교의 시작은 "심령이 가난한 자는 복이 있나니"(마 5:3)이다. 그런데 이 말씀이 헬라어 원어에서는 순서가 뒤바뀌어 있다. "복이 있나니 심령이 가난한 자에게."

예수님의 산상수훈의 첫 설교는 복이었다. 예수님은 이 땅에 오셔서 만나는 모든 사람을 축복하셨다. 예수님은 어린아이도 품에 안으시고 축복하셨다. 예수님은 만나는 모든 사람에게 복이 되셨다. 가난한 자, 병든 자, 눈먼 자, 나병 환자, 눌린 자, 포로 된 자, 귀신 들린 자, 심지어 죽은 지 사흘이 된 자도 예수님을 만나면 복을 받았다. 예수님의 삶 전체가 축복의 통로였다.

예수님이 베드로를 보자마자 첫 번째 하신 말씀은 베드로의 이름을 바꾸어 주는 것이었다.

"데리고 예수께로 오니 예수께서 보시고 이르시되 네가 요한의 아들 시몬이니 장차 게바라 하리라 하시니라(게바는 번역하면 베드로라)"(요 1:42).

시몬은 사막, 황무지라는 뜻이고 게바는 반석이라는 뜻이다. 예수님은 지금의 성질 급한 베드로를 본 것이 아니고 앞으로 불같은 로마 황제들의 시험이 있을 때 흔들리지 않는 반석이 되는 베드로를 미리 보고 축복하신 것이다. 예수님은 공생애 마지막 주간 십자가를 지시기 직전에 최후의 만찬을 하시면서 제자들에게 위대한 축복을 하셨다.

"내가 진실로 진실로 너희에게 이르노니 나를 믿는 자는 내가 하는 일을 그도 할 것이요. 또한 그보다 큰 일도 하리니 이는 내가 아버지께로 감이라"(요 14:12).

엄청난 축복의 말씀이다. 어찌 제자들이 예수님보다 더 큰 일을 한단 말인가? 그런데 정말 제자들에게 성령이 부어지고 제자들은 예수님보다 더 큰 일, 하루에 3천 명, 5천 명이 주님께로 돌아오게 하는 위대한 일을 하였다. 축복하신 그대로 이루어졌다. 예수님께서 하늘로 승천하시면서 남긴 마지막 말씀이 무엇인가?

"예수께서 그들을 데리고 베다니 앞까지 나가사 손을 들어 그들에게 축복하시더니 축복하실 때에 그들을 떠나 [하늘로 올려지시니]"(눅 24:50-51).

예수님의 산상수훈의 첫 설교가 복이었고 예수님 공생애 마지막 말씀이 축복이었다. 당신이 예수를 믿는가? 그렇다면 예수님처럼 복을 말하고 축복을 주는 축복의 통로가 되라. 당신은 왕 같은 제사장으로 당신 주변에 있는 자에게 복을 주는 자로 살아야 한다. 제사장이 하는 첫 번째 일은 백성을 축복하는 것이다. 하나님은 당신을 축복의 통로로 쓰길 원하신다.

당신은 제사장으로서 자신의 축복만을 위해 사는
축복 블랙홀에서 빠져나와
이제 축복을 나누어주는 축복의 통로가 되라.

하나님은 당신이 있는 그 자리에서 축복의 통로가 되길 원하신다. 구약의 축복이라는 말은 '바라크'로 '무릎을 꿇는다', 즉 기도하는 것을 말한다. 신약의 축복이라는 말은 '율로게오'인데 '좋다'라는 접두어 '유'와 '말하다'라는 뜻의 '레게오'의 합성어로 '좋은 말을 하다'이다. 그러므로 축복은 축복 기도를 하는 것이나 좋은 말을 하는 것이다.

먼저 자녀에게 잔소리하지 말고 축복의 말을 하라.

"나는 네가 자랑스럽다."

"너는 지극히 높으신 하나님의 자녀다."

"너에게는 창의력이 넘친다."

"너는 하나님이 쓰시는 큰 인물이 될 것이다."

"너는 한국을 살릴 사람이다."

자녀가 대학에 들어가는가? 유학을 가는가? 군대에 가는가? 결혼하는가? 제사장의 축복 기도를 해주라.

"하나님 자녀를 지켜주시길 원합니다. 하나님 자녀에게 은혜를 베풀어 주시길 원합니다. 하나님 자녀에게 평강을 주시길 원합니다."

미국의 감옥에는 유대인이 거의 없다고 한다. 유대인은 자녀에게 매일 축복의 말을 하기 때문이다. 감옥에 있는 자는 대부분 부모의 축복이나 칭찬을 받은 적이 없다는 통계가 있다. 당신의 자녀가 매일 축복을 듣는다면 큰 자존감과 기대로 살게 될 것이다.

이런 말이 있다. "억만금의 재물보다 한 줄의 예언을 물려주라." 그만큼 축복의 예언이 중요하다는 뜻이다. 당신이 자녀를 위해 축복의 말을 하는 한 당신의 자녀는 절대로 망하지 않을 것이다. 할 수만 있다면 자녀를 위해 많은 축복의 말을 하여 자녀의 마음에 축복을 쌓으라. 자녀뿐만 아니라 당신의 아내와 남편에게도 축복의 말을 하라.

"당신과 살수록 당신이 좋습니다."

"당신을 생각할 때마다 당신을 보내주신 하나님께 감사드립니다."

교우들에게도 축복의 말을 하라.

"당신은 우리 교회의 보물입니다."

미국 존스 홉킨스 대학 부속병원의 소아 신경외과 과장 벤 카슨 박사는 1987년 이른바 샴쌍둥이 파트리크 빈더와 벤자민 빈더에 대한 분리 수술을 시행, 세계에서 처음으로 두 아이를 다 살려냄으로 신의 손이란 명성을 얻게 되었다(샴쌍둥이란 태어날 때 서로의 몸이 붙은 상태로 나온 쌍둥이를 말한다. 어떤 쌍둥이는 서로의 배가 붙어 있고 어떤 쌍둥이는 서로의 등이 붙어 있기도 하다. 벤 카슨 박사가 수술한 쌍둥이는 머리가 서로 붙은 쌍둥이였다).

세계적인 명성을 지닌 유명한 의사였지만 그의 어린 시절은 밝지 않았다. 디트로이트의 빈민가에서 태어나 8세 때 부모가 이혼하여 편모슬하에서 가난하게 자랐으며 불량배들과 어울려 싸움을 일삼았다. 학교에서는 항상 꼴찌를 도맡아 했으며 초등학교 5학년 때까지 구구단도 암기 못해 급우들의 놀림감이었다. 그런 그에게 그의 어머니 쇼나 카슨은 눈물로 아들을 향해 축복 기도를 하였다.

"하나님, 우리 아들이 지혜롭고 강한 사람이 되어 하나님의 뜻을 이루게 하소서."

그녀는 기도만 한 것이 아니라 아들에게 늘 축복의 말을 하였다.

"너는 노력하면 할 수 있어 하나님이 너를 도와주실 거야!"

"하나님은 네가 할 수 있는 것보다 더 큰 계획을 가지고 계시다."

"너의 머리 안에는 온 세상이 다 들어 있어."

벤 카슨은 어머니의 축복에 힘을 얻어 세계적으로 존경받은 신경외과 의사가 되었다.

어느 날 기자가 찾아와 물었다.

"오늘의 당신을 만들어 준 것은 무엇입니까?"

그러자 벤 카슨 박사는 망설임 없이 이렇게 말했다.

"나의 어머니 덕분입니다. 어머니는 매일 저를 위해 기도해 주셨습니다. 또 어머니는 내가 늘 꼴찌를 할 때도, 흑인이라고 따돌림을 당할 때도 언제나 '넌 마음만 먹으면 무엇이든 할 수 있어, 노력만 하면 할 수 있어'라는 말을 끊임없이 하면서 내게 격려와 용기를 주었습니다."

축복 기도, 축복의 말은 강력한 힘이 있다. 이 중요한 축복을 매일 하여 당신도 살고 당신 주변의 사람들도 다 살아나게 하기 바란다.

말에는 엄청난 힘이 있다. 성경은 죽고 사는 게 말에 달려 있다고 말씀하신다. "죽고 사는 것이 혀의 힘에 달렸나니"(잠 18:21). 죽이는 말을 듣는 사람은 죽이는 사람이 되고 살리는 말을 듣는 사람은 살리는 사람이 된다.

 한국 최고의 성악가인 조수미 씨는 한국에서 대학에 다니다가 대학 2학년 때 졸업도 하지 않은 채 이탈리아 산타 체실리아 음악원으로 유학을 가서 3년이 되던 해에 세계적인 지휘자인 폰 카라얀을 만났다. 그때 카라얀의 나이는 80세였고, 그다음 해에 죽었다. 노장인 카라얀은 조수미 씨의 노래를 듣더니 이런 말을 했다.
 "당신의 목소리는 신이 내린 선물입니다."
 그 말은 조수미 씨의 전 인생을 바꾸어 놓은 축복의 말이었다. 그 말을 들은 조수미 씨는 미래에 대한 큰 기대감을 가졌다. 그날 이후 그녀는 정말 세계적인 인물이 되었다.

 내가 워싱턴에서 유학 생활을 할 때 한 여집사님이 자기 시어머니 자랑을 죽 늘어놓았다. 자신은 원래 불신자 가정에서 자라 이 집으로 시집을 와서 시어머니를 만났다고 한다. 그 시어머니는 늘 웃음을 가득 품고 "네가 우리 집에 시집와 주어 고맙다. 네가 우리 집에 온 후로 집안의 분위기가 환해졌다"라는 말을 자주 하셨고, 틈만 나면 맛있는 것 챙겨 주시고 "수고 많다"며 손을 꼭 잡아 주었다. 자신은 시어머니와 함께 있는 그 자체가 행복이었다고 말한다. 그분은 자신의 시어머니가 믿는 그 하나님을 믿고 싶어 교회에 나왔다고 간증하였다.

한번은 친정어머니가 암에 걸렸다는 소식을 듣고 한국으로 가게 되었는데 시어머니가 손에 봉투를 주면서 친정어머니 약도 지어 드리고 맛있는 음식도 대접해 드리라고 하였다. 봉투 안을 보니 천만 원이 들어 있었다. 이것도 벌써 30년 전의 이야기니 그 당시에 얼마나 큰돈이었는지 알 수 있다. 그 집사님은 그 돈을 확인하고 펑펑 울었다고 한다.

한집에 살면서 같이 있고 싶은 사람, 늘 주변을 살리는 축복이 되는 사람, 당신이 그런 사람이 되라. 당신 인생에 계속 축복이 부어지길 원한다면 당신이 축복의 사람임을 알고 모든 불평을 멈추고 이제 축복의 말만 하라. 인생은 복을 주는 사람은 복을 받게 되어 있다. 이것은 하늘의 법칙이다.

예수님은 누구의 집에 가든지 먼저 그 집 안에 있는 사람들의 평안을 빌라고 말씀하셨다.

"어느 집에 들어가든지 먼저 말하되 이 집이 평안할지어다 하라. 만일 평안을 받을 사람이 거기 있으면 너희의 평안이 그에게 머물 것이요 그렇지 않으면 너희에게로 돌아오리라"(눅 10:5-6).

성경은 심은 대로 거둔다고 말씀하신다.

"스스로 속이지 말라. 하나님은 업신여김을 받지 아니하시나니 사람이 무엇으로 심든지 그대로 거두리라"(갈 6:7).

축복을 심는 자는 축복을 거두고 저주를 심는 자는 저주를 거둔다. 특별히 축복의 말은 그 축복이 자신에게로 돌아온다. 우리에게는 타락한 본성이 있어 축복보다 불평과 저주를 선택하기가 쉽다. 그렇기에 우리는 축복을 말하는 것을 애써 힘써서 노력해야 한다. 우리는 본래 복의 근원으로, 축복의 통로로 창조되었다. 그러므로 이제 축복을 선택하여 축복을 풀어 놓는 자로 살아 하나님께서 예비하신 모든 축복을 누리는 자가 되어야 한다. 인생은 이상하게 자신을 위해 살려고 하면 할수록 비참해진다. 그러나 남을 살리면 자신이 살게 된다. 산속에 있는 옹달샘은 그냥 있으면 졸졸졸 나오는데 퍼내고 퍼내면 점점 물줄기가 굵어져서 물이 펑펑 솟아 나온다. 신기한 일이다. 베풀면 내가 산다.

"구제를 좋아하는 자는 풍족하여질 것이요. 남을 윤택하게 하는 자는 자기도 윤택하여지리라"(잠 11:25).
"남을 축복하는 사람은 넘치도록 은총을 입으며 누군가를 돕는 이는 스스로 도움을 얻게 된다"(잠 11:25 메시지 성경).
"선한 눈을 가진 자는 복을 받으리니 이는 양식을 가난한 자에게 줌이니라"(잠 22:9).
"인자한 자는 자기의 영혼을 이롭게 하고 잔인한 자는 자기의 몸을 해롭게 하느니라"(잠 11:17).

진리는 단순하다. 남을 축복할 때 내가 축복을 받는다. 우리가 베풀면 하나님께서 우리에게 흔들어 넘치도록 부어주신다.

"주라. 그리하면 너희에게 줄 것이니 곧 후히 되어 누르고 흔들어 넘치도록 하여 너희에게 안겨 주리라"(눅 6:38).

자기 혼자 잘 먹고 잘살려고 하지 말라. 망한다. 부패한다. 썩게 된다. 타락한다. 복은 소유할수록 작아지고 나누어줄수록 커진다.

축복은 단순하다. 그러나 강력하다.
축복은 인생을 바꾼다.
축복은 예언이다. 축복한 대로 이루어진다.
이 좋은 축복을 매일 하기 바란다.

축복하는 자에겐 어디선가 비구름이 몰려와 은혜의 단비가 내릴 것이다. 당신의 인생이 주변 사람에게 골칫덩어리가 되지 말고 축복의 통로가 되라. 내 주변 환경은 내가 만드는 것이다.

미국의 한 우체부는 어느 날 자신의 아내가 죽은 뒤 너무나 어둡고 우울한 날을 보내고 있었다. 그는 매주 자전거를 타고 거친 들판을 지나 먼 마을을 찾아가 우편물을 배달하였다. 그는 자신의 우울함을 잊기 위해 꽃을 사서 길옆에 뿌리기 시작하였다.

몇 년이 지나자 그 자전거 길이 꽃길로 변했다. 그 마을은 꽃길로 유명해졌고 꽃이 만발한 이유를 알게 된 마을 사람들은 이 우체부에게 큰 상을 주었다. 아무리 상황이 나빠도 무엇인가 기여할 것은 반드시 있다.

당신이 주변에 축복을 주는 자로 살면 당신 주변은 환한 꽃으로 만발하게 될 것이다. 당신은 축복받은 사람이다. 당신에게는 놀라운 미래가 기다리고 있다. 올해는 최고의 한 해가 될 것이다. 하나님은 당신을 축복의 사람으로 쓰시길 원하신다. 입만 열면 축복을 말하는 사람이 되라. 축복의 말은 믿음으로 하는 것이다. 이삭은 자기 아들 야곱과 에서에게 믿음으로 축복의 기도를 하였다.

"믿음으로 이삭은 장차 있을 일에 대하여 야곱과 에서에게 축복하였으며"(히 11:20).

당신도 이삭처럼 믿음으로 주저하지 말고 담대하게 축복의 말을 하라. 누구를 만나든 축복하는 자가 되라. 축복을 말하는 자에겐 주위의 어둠이 물러가고 빛이 가득해진다. 당신의 주변은 당신의 축복 말에 달려 있다.

야고보서에서는 말은 배를 움직이는 키라고 하였다(약 3:4-5). 축복의 말로 당신 인생의 배를 축복의 길로 가게 하라. 축복의 말로 주변의 어두움을 물리치라. 축복의 말로 미래를 지배하라. 말로 선포한 것은 다 이루어진다. 하나님께서 그 말을 들으시기 때문이다.

당신도 구약의 제사장처럼 매일 제사장의 축복 기도를 하라. 한 번밖에 살지 않는 짧은 인생을 동물처럼 빼앗는 자로 살지 말고 예수님처럼 축복을 나누어 주는 축복의 통로로 살라. 당신은 바로 당신이 있는 장소에서 축복이 되게 하는 하나님의 히든카드다. 하나님은 예수를 믿는 모든 사람이 영적인 제사장으로 축복하는 자로 살기를 원하신다.

【 Key Point 】

첫째, 당신은 축복을 받은 자이다.

당신의 복의 근원이다. 아브라함은 복의 근원이다(창 12:1-3). 예수를 믿는 자는 모두 아브라함의 자손이다(갈 3:7-9). 당신은 아브라함의 영적 자손으로 복의 근원이 되었다. 자기가 이미 큰 복을 받은 자라는 것을 아는 것이 중요하다. 당신 안에 예수가 계심으로 당신은 세상에서 가장 큰 복을 받은 자이다. 날마다 복을 받은 자라는 것을 기억하고 복 받은 자의 자존감을 가지고 살라.

둘째, 당신은 축복의 통로이다.

당신은 세상의 빛이다(마 5:14). 빛은 빛을 드러내야 한다. 빛을 말하고 빛을 발산하라. 당신은 존귀한 자다(시 16:3). 당신은 하나님의 것이다(사 43:1). 하나님의 사람으로 당당하게 주변을 살리는 자로 살라.

당신이 있는 장소에서 복을 주는 자로 살라. 당신은 축복의 통로이다. 특별히 당신이 좋아하지 않는 사람, 당신을 좋아하지 않는 사람을 축복해 준다면 당신의 인간관계는 확실히 달라질 것이다.

"너희를 박해하는 자를 축복하라. 축복하고 저주하지 말라"(롬 12:14).

당신이 가지고 있는 습관 중에 그 어떤 습관보다도 축복의 습관을 키우라. 주변 사람에게 복을 주는 자로 살면 살수록 더 큰 축복의 통로가 된다. 당신이 만나는 모든 사람에게 축복을 주는 자가 되라. 축복을 미루지 말라. 오늘 지금 당장 축복을 시작하라. 행복은 멀리 있지 않다. 내가 축복하는 순간 하나님께서 행복을 뿌려주신다(시 97:11).

〈 평생 하는 기도 〉

하나님, 매일 내가 복의 근원임을 알고 누리며 살게 하소서.

하나님, 매일 축복을 주는 통로로 살게 하옵소서.

하나님, 매일 축복의 행동, 축복의 말을 하게 하옵소서.

에필로그

**축복보다 중요한 것은
축복을 주시는 하나님이다**

하나님은 시내산 기슭에 머물렀던 이스라엘 백성들이 광야로 출발하기 직전에 제사장들에게 명령하셔서 매일 제사장의 축복 기도를 하게 하셨다. 제사장의 축복 기도는 광야를 통과할 수 있는 비밀 병기가 되었다.

모든 축복은 하나님에게서 나온다.
자칫 잘못하면 축복에만 관심을 가질 수 있지만
축복보다 중요한 것은 축복을 주시는 하나님이다.
하나님 자체가 복이다.

이런 말이 있다. "산에서 사슴을 쫓다 보면 산을 볼 수 없게 된다." 축복을 쫓다 보면 하나님을 잊을 수 있다. 하나님이 없는 축복은 아무리 좋은 것이라 할지라도 그 축복은 독이 될 뿐이다. 진짜 축복은 하나님 자체이시다.

> 결국 광야의 길은 하나님을 절대 의지하게 하고
> 하나님을 향한 절대 믿음을 가지게 하는 장소다.
> 광야를 통과하면서 얻게 되는 이 절대 믿음을 가진 자는
> 인생 전체가 다 축복이 된다.

광야를 지나는 모든 분에게 격려의 말을 하고 싶다. 광야는 가나안에 들어가는 길목이다. 광야는 반드시 끝이 있다. 광야는 포기의 장소가 아니다. 광야는 다시 시작하는 장소이다. 광야를 지날 때 불안해하거나 두려워하지 말고 제사장의 축복 기도를 붙잡고 지나가라. 하나님은 광야를 이길 수 있는 비결을 주셨다. 그것은 바로 제사장의 축복 기도다. 광야는 하나님의 지키심, 하나님의 은혜, 하나님의 평강이면 능히 지나갈 수 있다.

다시 한번 강조한다. 하나님께서 우리 인생에 광야를 허락하심은 허송세월하는 시간이 아니다. 지금 당신 앞에 불가능하게 보이는 상황이 펼쳐져 있다 해도 낙심하거나 절망하지 말라. 당신에게는 세상 사람이 모르는 제사장의 축복 기도가 있다. 당신에겐 대안이 없어도 하나님에게는 당신이 모르는 대안이 있다. 전능하신 하나님의 손을 붙잡고 사는 자는 모든 것이 희망이며 모든 것이 축복이다.

"
너희가 내 이름으로 무엇을 구하든지 내가 행하리니
이는 아버지로 하여금 아들로 말미암아
영광을 받으시게 하려 함이라.
내 이름으로 무엇이든지 내게 구하면 내가 행하리라. 요한복음 14:13-14.
"

특·별·수·록·1

제사장의 축복 기도, 이렇게 하라

>>> 제사장의 축복 기도 _ 1
나 자신을 위한 축복 기도

주님, 주님의 이름을 높입니다.
주님의 이름을 만방에 높이 올립니다.
주님은 만왕의 왕 만주의 주이시며 나의 왕 나의 주인이십니다.
오늘 하루도 나의 왕으로 나를 다스려 주옵소서

주님, 오늘 하루를 새롭게 허락하심에 감사드립니다.
주님, 저의 왕이 되어 주시고 저를 다스려 주셔서 감사합니다.
오늘 하루도 나는 죽고 내 안에 예수가 살게 하옵소서.
매일 주님과 동행하게 해주셔서 감사합니다.
주님, 오늘도 새 날을 주시고
제 생명을 연장해 주시니 감사합니다.
주님, 이렇게 기도할 수 있는 환경과 시간을 주셔서 감사합니다.

주님, 어제까지 지은 모든 죄를
예수의 보혈로 깨끗이 씻어 주옵소서.

입술로 지은 죄, 마음으로 지은 죄, 행동으로 지은 죄를
예수의 보혈로 깨끗게 하옵소서.
불순종의 죄, 교만의 죄, 음란의 죄, 탐욕의 죄, 거짓의 죄,
미움의 죄, 반복적인 죄, 기도하지 않는 죄 등
모든 죄를 깨끗게 하옵소서.

주님, 오늘 하루도 천군 천사로 보호하시고 지켜주옵소서.
주님, 모든 악으로부터 지켜주옵소서.
주님, 이 세상의 온갖 유혹으로부터 지켜주옵소서.
주님, 모든 사고로부터 지켜주옵소서.
주님, 모든 질병으로부터 지켜주옵소서.
주님, 악한 것들이 한 길로 왔다가 일곱 길로 도망가게 하소서.

주님, 오늘 하루를 거룩하게 살 수 있는 은혜를 주옵소서.
주님, 모든 일에 형통함의 은혜를 주옵소서.
주님, 만남의 은혜를 주옵소서.
선한 만남을 주시고 악한 만남을 막아 주옵소서.
주님, 인도하심의 은혜를 주옵소서.
구름 기둥으로 불기둥으로 인도하여 주옵소서.
주님, 매 순간에 하늘의 은혜로 채워주옵소서.
주님, 매 순간 올바른 판단을 할 수 있는

지혜의 은혜, 생각의 은혜를 주옵소서.
주님, 마음의 평강을 주옵소서.
주님, 제 마음을 지켜주옵소서.
주님, 마음에 염려, 근심, 걱정이 없게 하옵소서.
주님, 오늘 하루도 주님 때문에
두려움 없이 담대하게 살게 하옵소서.
주님, 감정의 요동이 없게 하옵소서.
주님, 오늘 스트레스 없는 날 되게 하옵소서.
주님, 평생 마음에 평강을 주옵소서.
주님, 제 마음이 천국이 되게 하옵소서.
주님, 제 마음에 기쁨이 샘솟게 하옵소서.
날마다 잔치하는 인생이 되게 하옵소서.

주님, 매일 내가 복의 근원임을 알고 찬송하며 살게 하소서.
단 한순간도 우울이나 낙심이 없게 하소서.
주님, 매일 이웃들에게 축복을 주는
축복의 통로로 살게 하옵소서,
주님, 제가 누군가에게 축복이 되게 하소서.
주님, 매일 축복의 행동, 축복의 말을 하게 하옵소서.
주님, 내 입술에 파수꾼을 세워주셔서 악한 말을 막으시고
선한 말, 사랑의 말, 살리는 말만 하게 하옵소서.

주님, 오늘 하루도 주님께 쓰임 받는 삶에 되게 하옵소서.
주님, 나이가 들수록 더 거룩하게 성숙하게 살게 하옵소서.
주님, 오늘 하루도 더 주님을 닮게 하옵소서.
주님, 오늘 하루도 주님 손 붙들고
승리하는 하루가 되게 하옵소서.
나의 주인되신 예수님의 이름으로 기도합니다. 아멘.

 >>> 제사장의 축복 기도 _ 2
가족을 위한 축복 기도

주님, 주님의 이름을 높입니다.
주님의 이름을 만방에 높이 올립니다.
주님은 만왕의 왕 만주의 주이시며
나의 왕 나의 주인이십니다.
오늘 하루도 나의 왕으로 나를 다스려 주옵소서.

주님, 오늘 하루를 새롭게 허락하심에 감사드립니다.
주님, OOO의 왕이 되어 주시고
OOO를 다스려 주셔서 감사합니다.
주님, OOO이 예수를 믿고
주님과 동행하게 해주셔서 감사합니다.

주님, OOO이 어제까지 지은 모든 죄를
예수의 보혈로 깨끗이 씻어 주옵소서
입술로 지은 죄, 마음으로 지은 죄,

행동으로 지은 죄를 예수의 보혈로 깨끗게 하옵소서.
불순종의 죄, 교만의 죄, 음란의 죄, 탐욕의 죄,
거짓의 죄, 미움의 죄, 반복적인 죄,
기도하지 않는 죄, 모든 죄를 깨끗게 하옵소서.

주님, 오늘 하루도 OOO을 천군 천사로 보호하고 지켜주옵소서.
주님, OOO을 악으로부터 지켜주옵소서.
주님, OOO을 이 세상의 온갖 유혹으로부터 지켜주옵소서.
주님, OOO을 모든 사고로부터 지켜주옵소서.
주님, OOO을 모든 질병으로부터 지켜주옵소서.

주님, OOO의 오늘 하루를 거룩하게
살 수 있는 은혜를 주옵소서.
주님, OOO이 하는 모든 일에 형통함의 은혜를 주옵소서.
주님 OOO이 하는 일마다 잘되게 하옵소서.
주님, OOO에게 만남의 은혜를 주옵소서.
선한 만남을 주시고 악한 만남을 막아 주옵소서.

주님, OOO에게 인도하심의 은혜를 주옵소서.
구름 기둥으로 불기둥으로 인도하여 주옵소서.
주님, OOO에게 매일 매 순간에 하늘의 은혜로 채워주옵소서.

주님, 000에게 지혜의 은혜, 생각의 은혜를 주옵소서.
주님, 000의 마음의 평강을 주옵소서.
주님, 0000의 마음을 지켜주옵소서.
주님, 000의 마음에 염려, 근심, 걱정이 없게 하옵소서.

주님, 000의 감정이 흔들리지 않게 하옵소서.
주님, 오늘 스트레스 없는 날 되게 하옵소서.
주님, 평생 000의 마음에 평강을 주옵소서.
주님, 000의 마음이 천국이 되게 하옵소서.
주님, 000의 마음에 기쁨이 샘솟게 하옵소서.
날마다 잔치하는 인생이 되게 하옵소서.

주님, 매일 000이 복의 근원임을 알고 찬송하며 살게 하옵소서.
단 한순간도 우울이나 낙심이 없게 하옵소서.
주님, 매일 이웃들에게 축복을 주는
축복의 통로로 살게 하옵소서.
주님, 000이 누군가에게 축복이 되게 하옵소서.
주님, 매일 축복의 행동, 축복의 말을 하게 하옵소서.

주님, 000의 입술에 파수꾼을 세워주셔서 악한 말을 막으시고
선한 말, 사랑의 말, 살리는 말만 하게 하옵소서.

주님, OOO이 주님께 평생 쓰임 받는 삶이 되게 하소서.

주님, OOO이 나이가 들수록 더 거룩하게 성숙하게 살게 하소서.

주님, OOO이 오늘 하루도 더 주님을 닮게 하옵소서.

주님, OOO이 오늘 하루도 승리하는 하루가 되게 하옵소서.

우리의 주인 되신 예수님의 이름으로 기도합니다. 아멘.

>>> 제사장의 축복 기도 _ 3
교회를 위한 축복 기도

주님, 주님의 이름을 높입니다.
주님의 이름을 만방에 높이 올립니다.
주님은 만왕의 왕 만주의 주이시며
나의 왕 나의 주인이십니다.
오늘 하루도 우리 교회의 왕이 되어 주시고
우리 교회를 다스려 주옵소서

주님, 우리 교회의 왕이 되어 주시고
우리 교회를 다스려 주셔서 감사합니다.
주님, 우리에게 교회를 주심에 감사드립니다.
주님, 우리 교회가 지금까지 있게 해 주셔서 감사합니다.
주님, 우리가 이렇게 교회에 모여 예배를 드릴 수 있는
환경과 시간을 주셔서 감사합니다.

주님, 어제까지 우리 교우들이 지은 모든 죄를

예수의 보혈로 깨끗이 씻어 주옵소서
입술로 지은 죄, 마음으로 지은 죄,
행동으로 지은 죄를 예수의 보혈로 깨끗게 하옵소서.
불순종의 죄, 교만의 죄, 음란의 죄, 탐욕의 죄, 거짓의 죄,
미움의 죄, 반복적인 죄, 기도하지 않는 죄,
모든 죄를 깨끗게 하옵소서.

주님, 우리 교회를 천군 천사로 보호하고 지켜주옵소서.
주님, 우리 교회의 목사님과 목사님 가족을
보호하고 지켜주옵소서.
주님, 우리 교회의 모든 부서를 보호하고 지켜주옵소서.
주님, 우리 교회의 교우들을 온갖 악으로부터 지켜주옵소서.
주님, 우리 교우들을 모든 사고로부터 지켜주옵소서.
주님, 우리 교우들을 모든 질병과
전염병으로부터 지켜주옵소서.
주님, 우리 교회를 헤치려고 하는 악한 것들이
한 길로 왔다가 일곱 길도 도망가게 하소서.

주님. 우리 교회에 예배 때마다
풍성한 은혜가 부어지게 하옵소서.
주님. 우리 교회에 사죄의 은혜, 회복의 은혜,

치유의 은혜가 넘치게 하옵소서.
주님, 우리 교회에 부흥의 은혜를 주옵소서.
주님, 우리 교회의 다음 세대들이
우리보다 더 큰 믿음을 가지는 은혜를 주옵소서.
주님, 우리 교회가 세속에 물들지 않고
거룩하게 든든히 서는 은혜를 주옵소서.

주님, 우리 교회가 하는 모든 일에 형통함의 은혜를 주옵소서.
주님, 우리 교회의 자녀들이 다윗, 다니엘, 에스더 같은
나라를 살리는 영적 거장이 되게 하소서.
주님, 우리 교우들이 하는 모든 일에 형통함의 은혜를 주옵소서.
주님, 우리 교우들이 하는 일마다 잘되게 하옵소서.
주님, 우리 교우들에게 만남의 은혜를 주옵소서.
선한 만남을 주시고 악한 만남을 막아 주옵소서.
주님, 우리 교우들에게 인도하심의 은혜를 주옵소서.
날마다 구름 기둥으로 불기둥으로 인도하여 주옵소서.

주님, 우리 교회가 평안한 평강을 주옵소서.
주님, 우리 교회가 담임목사님을 중심으로
당회가 하나가 되게 하옵소서.
주님, 우리 교회가 주님 오실 때까지 평안한 교회되게 하소서.

주님, 우리 교회가 날마다 잔치하는 교회가 되게 하옵소서.

주님, 우리 교회가 이 세상 축복의 근원이 되게 하소서.

주님, 우리 교회가 매일 이웃들에게 축복을 주는
축복의 통로가 되게 하옵소서.

주님, 우리 교회가 주님께 쓰임 받는 교회되게 하옵소서.

주님, 우리 교회가 이 나라 민족과 온 세상을 섬기는
교회가 되게 하옵소서.

우리의 주인되신 예수님의 이름으로 기도합니다. 아멘.

>>> 제사장의 축복 기도 _ 3
나라를 위한 축복 기도

주님, 주님의 이름을 높입니다.
주님의 이름을 만방에 높이 올립니다.
주님은 만왕의 왕 만주의 주이시며
나의 왕 나의 주인이십니다.
오늘 하루도 우리의 왕으로 우리나라를 다스려 주옵소서.
주님, 우리나라의 왕이 되어 주시고
우리나라를 다스려 주셔서 감사합니다.
주님, 이 나라에 복음을 전해 주시고
나라 곳곳에 교회를 세워짐에 감사합니다.
주님, 이렇게 자유롭게 기도할 수 있는
환경과 시간을 주셔서 감사합니다.

주님, 우리나라가 어제까지 지은 모든 죄를
예수의 보혈로 깨끗이 씻어 주옵소서.
입술로 지은 죄, 마음으로 지은 죄, 행동으로 지은 죄를 예수의 보혈로 깨끗게 하옵소서.
불순종의 죄, 교만의 죄, 음란의 죄, 탐욕의 죄, 거짓의 죄,
미움의 죄, 반복적인 죄, 기도하지 않는 죄,
모든 죄를 깨끗게 하옵소서.
주님, 이 나라 안에 있는 성경과 반대되는 모든 악법과
악한 것들을 예수님의 보혈로 깨끗이 씻어 주옵소서.

주님, 이 나라를 천군 천사로 보호하고 지켜주옵소서.
주님, 이 나라가 안전한 나라가 되게 하옵소서.
주님, 이 나라를 불의, 폭력, 마약, 음란, 동성애 등
모든 악으로부터 지켜주옵소서.
주님, 이 나라를 사탄의 모든 공격으로부터 지켜주옵소서.
주님, 우리나라를 전쟁과 테러와 모든 사고로부터
지켜주옵소서.

주님, 우리나라를 모든 질병으로부터 지켜주옵소서.
주님, 우리나라를 헤치려고 하는 모든 악한 것들이
한 길로 왔다가 일곱 길로 도망가게 하소서.
주님, 우리 자녀들을 세속적인 문화와
세속적인 지식에서 보호하고 지켜주옵소서.

주님, 우리나라에 날마다
거룩하게 살 수 있는 은혜를 주옵소서.
주님, 주님께서 우리나라를 다스리시고
선한 길로 인도하여 주옵소서.
주님, 우리나라에 사는 모든 백성에게
형통함의 은혜를 주옵소서.

주님, 우리나라를 다스리는 위정자들에게
하나님을 경외하는 마음을 주옵소서.
주님, 우리나라를 다스리는 위정자들에게 백성들을
사랑하는 진실한 마음을 주옵소서.
주님, 우리나라를 다스리는 위정자들에게
주님의 지혜를 부어주옵소서.
주님, 우리나라의 언론과 매스컴과
인터넷 보도들이 정직하게 하옵소서.
주님, 우리나라를 매일 매 순간에
하늘의 풍성한 은혜로 채워주옵소서.

주님, 우리나라에 평강을 주옵소서.
주님, 국민의 마음을 거룩하게 지켜주옵소서.
주님, 온 국민의 마음에 평강을 주옵소서.

주님, 나라에 있는 거짓과 분열과 시기와 분쟁이
사라지게 하옵소서.

주님, 우리나라가 이웃 나라에 복을 주는
축복의 통로가 되는 나라가 되게 하옵소서.
주님, 우리나라가 매일 주님께 쓰임 받는 삶에 되게 하옵소서.
주님, 우리나라가 만방에 복음을 전하는 나라가 되게 하옵소서.

우리의 주인되신 예수님의 이름으로 기도합니다. 아멘.

> 여호와는 네게 복을 주시고 너를 지키시기를 원하며
> 여호와는 그의 얼굴을 네게 비추사 은혜 베푸시기를 원하며
> 여호와는 그 얼굴을 네게로 향하여 드사
> 평강 주시기를 원하노라 할지니라 하라. 민수기 6:24-26.

특·별·수·록·2

제사장의 축복 기도 체험기

>>> 제사장의 축복 기도 체험기 _ 1
# 가장 낮은 자에게 찾아오시는 하나님

신 * *

저는 2024년에는 개인적인 일과 다양한 원인으로 인하여 정신적으로 많은 힘듦을 겪었습니다. 많은 정신적인 스트레스로 인하여 두려움, 공황 증상, 그리고 공황 발작을 겪었습니다. 미국에서 대학 공부를 하면서 정신적으로, 육체적으로 어려움이 너무 커져서 대학 공부를 내려놓고 한국으로 복귀했습니다. 방학이 되면 부모님이 다니는 수지 기쁨의교회를 다녔습니다. 그래서 자연스럽게 수지 기쁨의교회의 예배에 참석하였습니다.

2025년 새해 첫 예배에 김원태 목사님께서 제사장의 축복 기도에 대한 설교를 전하셨습니다. 새해가 시작되었지만 저의 마음에는 여전히 많은 걱정과 근심이 있었습니다. 저는 미국에서 대학을 졸업하고 미국에서 좋은 직장을 얻는 것, 그것이 성공이라고 당연하게 생각했습니다. 하지만 그것은 잃고 나서는 제가 절망했고 자존감이 떨어졌으며 두려움이 더욱더 커졌습니다.

나는 매일 하나님께 간절히 부르짖었습니다.

"하나님 나는 아무것도 할 수 없습니다. 하나님 제가 어떻게 해야 합니까?"

나는 낮아진 마음으로 교회에 왔습니다.

하나님은 제 마음을 아시고 새해 첫 예배를 통해 저에게 찾아오셨습니다.

강단에서 흘러나오는 말씀은 하나님의 음성으로 들렸습니다.

"하나님은 저에게 복을 주시고, 저를 지키길 원하시며, 하나님은 그의 얼굴을 저에게 비추사 은혜를 베푸시기를 원하시고, 하나님은 그의 얼굴을 제 얼굴을 향하여 드사 평강을 주시기를 원하신다."

하나님의 말씀은 내 심령 깊은 곳에 채워졌습니다.

이 강력하고 정확한 응답을 받은 이후로, 저는 항상 제사장의 축복 말씀을 저 자신에게 반복하고 선포했습니다. 제사장의 축복 기도는 그동안 나를 힘들게 하던 모든 공황 증상, 그리고 다양한 정신적인 어려움을 거대한 태양이 눈을 녹이듯이 사라지게 했습니다. 진리의 말씀이 저를 자유롭게 했습니다.

어두움의 목소리는 제가 실패한, 희망이 없는 자라고 속삭였습니다. 하지만 하늘에 계신 제 아버지는 분명한 목소리로 저에게 말씀하셨습니다,

"여호와는 네게 복을 주시고 너를 지키시기를 원하며 여호와는 그의 얼굴을 네게 비추사 은혜 베푸시기를 원하며 여호와는 그

얼굴을 네게로 향하여 드사 평강 주시기를 원하노라 할지니라 하라"(민 6:24-26).

제가 매일 이 말씀을 암송하고 이 말씀대로 저를 향해 제사장의 축복 기도를 하고 축복의 말씀을 믿고 사니 정말 모든 어두움을 다 사라졌습니다.

2025년이 절반이 지났습니다. 저는 지금 저의 진로, 그리고 삶의 목적을 다시 찾게 되었고, 앞에 있는 길이 밝게 보이며, 기대가 많이 됩니다. 저는 정신적인 어려움에서 완전히, 영원히 자유롭게 됐습니다. 저는 제 인생의 가장 어두운 시간에 가장 낮은 자리에서 하나님의 음성을 듣게 되었고, 제사장의 축복 기도가 주는 큰 은혜를 체험하게 되었습니다.

하나님은 저에게 복을 주시길 원하는 분이시고, 은혜 주길 원하시는 분이시며, 평강 주시길 원하는 분을 매일 체험하고 있습니다. 나는 시간이 흐를수록 하나님이 더 좋습니다.

>>> 제사장의 축복 기도 체험기 _ 2
제사장의 기도대로 이루시는 하나님

유 * *

저는 올해 우리 교회 표어, 민수기 6장에 나오는 제사장의 축복 기도 말씀을 근거로 한 "축복한 대로 이루시는 하나님"을 믿고, 아들을 위해 제사장의 축복 기도를 했습니다.

중학교 3학년인 저의 아들은 작년부터 시작된 사춘기로 방황했습니다. 학교생활도 힘들어했고 자기감정을 잘 조절하지 못했습니다. 저와 아내는 이런 아들의 모습을 처음 보면서 무척 당황했습니다. 아들을 불러 조용히 타일러 보고 혼도 내보았습니다. 그러나 달라지긴커녕 더욱 악화되었습니다. 저는 낙심했고 좌절했습니다.

그럴 때 담임 목사님께서 귀한 말씀을 주셨습니다. 모든 그리스도인은 자신을 위해 제사장의 축복 기도를 하고, 또 가족을 위해 제사장의 축복 기도를 해주어야 한다고 말씀하시며 그렇게 하면 반드시 응답이 있을 것이라 하셨습니다.

저는 그 말씀을 붙들고 제사장의 축복 기도 그대로 기도하기 시작하였습니다.

"여호와는 네게 복을 주시고 너를 지키시기를 원하며 여호와는 그의 얼굴을 네게 비추사 은혜 베푸시기를 원하며 여호와는 그 얼굴을 네게로 향하여 드사 평강 주시기를 원하노라 할지니라 하라"(민 6:24-26).

나는 제사장의 기도 그대로 매일 매일 아들을 지키고 보호해 달라고 기도했습니다. 아들에게 은혜 베푸시길 간구했고 평강 주시길 기도했습니다. 그렇게 매일 기도하는 중에 한두 달이 지나자, 감사하게도 아들이 조금씩 나아졌습니다.

지금은 제사장의 기도를 한 지 6개월이 지났는데 아들의 모습은 확연히 달라졌습니다. 옛날의 온순한 모습이 거의 회복되었습니다. 다시 학교생활을 잘하고 친구들과도 좋은 관계를 누리고 있습니다. 무엇보다 가족들과 관계가 온전히 회복되었습니다.

제가 매일 하나님께 제사장의 기도를 하자 하나님은 아들뿐 아니라 저희 모두에게 보호와 은혜와 평강을 주신 것입니다. 저는 제사장의 기도를 한 그대로 이루어짐을 경험하고 있습니다.

물론 우리 아들을 앞으로 더 지켜봐야 하겠고 아직 더 나아져야 할 부분이 있습니다. 진로에 대해, 신앙에 대해 챙겨 줄 것이 보입니다. 그러나 이젠 두려워하지 않고 제사장의 축복 기도를 그대로 이루실 하나님을 신뢰하므로 이겨낼 수 있을 것 같습니다.

하나님은 아들을 통해 저를 연단하셨습니다. 제 죄를 보게 하셨으며, 먼저 하나님 앞에 바로 서야 함을 깨닫게 하셨습니다. 저는 가정에서 아버지로서 아들에게 예수가 주인되신 삶을 보여주지 못함을 알게 하셨습니다. 제가 매일 하나님 앞에 엎드려 기도하는 한 자비로우신 하나님께서 저희 가정을 더욱 든든히 세워가실 것을 믿습니다.

앞으로도 매일 제사장의 기도를 하면서 하나님의 보호하심과 은혜와 평강을 경험하길 원합니다. 제사장의 기도를 알게 하신 주님을 찬양합니다.

>>> 제사장의 축복 기도 체험기 _ 3
# 평강을 주시는 하나님

서 * *

　올해 우리 교회의 슬로건은 "축복대로 이루시는 하나님"입니다. 목사님께서 민수기 6장 24~26절의 '제사장의 축복'을 선포해 주셨습니다. 새해 첫 주에 선포되는 말씀이 이유는 모르겠지만 제 가슴에 쿵 하고 새겨졌고, 나의 삶과 우리 가정에 이루어 주실 하나님의 계획이 너무나도 기대가 됐습니다. 소망으로 가슴이 터질 것만 같다고 해야 하나? 나도 모르게 "할렐루야! 아멘!" 하고 화답했습니다. 힘든 현실 앞에 믿음 하나 붙잡고 버텼던 나에게 "큰 축복을 부어줄 테니 기대하라"는 하나님의 음성으로 받았습니다.

　저는 매일 아침, 점심… 생각날 때마다 가슴에 손을 대고 간절히, 간절히 나 자신에게 제사장의 축복 기도를 하였습니다. 하나님 없이는 하루하루가 참으로 버티기 힘겨웠을 무렵이었기에 그 제사장의 축복 기도는 나에게 너무나도 간절했습니다.

　믿음의 길을 가면 갈수록 불신자인 남편의 정서적 학대와 핍박이 감당하기 힘들 만큼 숨이 막혔습니다. "하나님, 저 좀 천국에 빨리 데려가 주세요"라고 낙심의 기도와 소망의 기도를 반복하던 어느 날, 나의 입술의 기도는 완전한 소망으로 바뀌었고, 하나님께서는 말씀으로 임재하셨으며, 주체할 수 없는 평안을 넘치게 부어주셨습니다. 이런 평안은 처음이었습니다. 참으로 놀라운 일이었습니다.

한걸음, 한걸음 발을 디딜 때마다 "하나님은 나를 지키시고, 나에게 끝없는 은혜를 부어주시며, 감당할 수 없는 평안을 주십니다. 주님 감사합니다"라고 이미 제사장의 축복이 이루어졌음을 믿고 기도했습니다. 참으로 말씀의 위력은 컸습니다.

말씀의 임재가 머리부터 발끝까지 덮고 계신 것처럼 모든 예배와 청청(청소년과 청년부)수련회 중에도 계속해서 성령님의 임재와 개인적 체험을 하게 되었습니다. 가슴에 뜨거운 불이 임하면서 내 안에 깊은 상처와 아픔, 묶임을 풀어주시는 놀라운 경험을 연이어서 하면서 나를 누르고 있던 쓴 뿌리가 무엇인지, 눌림이 날아가는 듯 하였습니다.

말씀의 위력을 경험하며, 말씀의 사모함이 이전과는 또 다르게 깊어지고 한 절, 한 절 읽어 내려갈수록 성경의 글자들이 가슴에 새겨지는 것 같았습니다. 말씀이 내 안에 새겨질 때마다 내 안에 교만함이 깨어지고 부서지며 하나님 앞에 고개를 들 수가 없었습니다. 회개하고 또 회개하고 하나님의 은혜가 없이는 결코 1분 1초도 버틸 수 없다는 것을 알게 하셨고 생각나게 하신 게 있었습니다.

2023년 무렵, 세상 성공을 바라며 믿음 반 세상 즐거움 반씩 걸쳐 놓고, 하나님밖에 없다고 하면서 이중적인 나의 본심이 정확히 드러났을 때 정서적인 공황이 시작되었습니다. 여름 단기선교인 요르단 선교 후 내가 하는 모든 일은 완전히 정지되었습니다.

골방에서의 기도, 홀로 드리는 예배, 그리고 주일 날 예배가 나를 살렸습니다. 교회에 와서 예배를 드리면 숨이 쉬어졌고 살아 있는 것 같았습니다. 그 무렵, 교회 간사 자리가 주어졌고, 1년은 하나님께 죽어라 몸부림치며 끊임없이 질문만 했던 것 같습니다. 그럴 때마다 침묵하신 하나님….

"왜 이 자리에 인도하셨나요? 왜요?"

정서적 공항이 생길 때마다 숨기려 애썼고 아닌 척하였습니다.

성령 집회, 예나주(예수가 나의 주인이시다) 집회 때마다 너무나 간절한 마음으로 하나님만 붙잡았고 부르짖고 애원했고, 그럴 때마다 성령님께서는 깊은 임재로 인도하셨습니다. 상상할 수 없는 기쁨이 부어졌습니다. 상처 하나하나 세심하게 에워싸주시며 치유해 주셨습니다. 모든 걸 기억나게 해주셨고, 깨닫게 하셨으며, 아주 섬세하게, 또한 그 아픔 가운데 저를 눈동자처럼 보살피셨음을 알게 하셨습니다. 여러 차례 정서적 공항에 대한 치유도 있었습니다.

그 후로 마음의 평안과 넘치는 기쁨을 누리며 늘 성령님을 의지하며 지내고 있습니다. 나의 연약함을 연단을 통해 강건해지길 원하셨던 하나님. 자식은 부모의 마음을 헤아리기가 참 어렵다던데 시간이 흐르고 보니 아버지의 마음과 눈물의 의미가 가슴으로 알게 됐습니다.

지금도 변함없이 믿지 않는 불신자인 남편의 정서적 학대와 핍박의 강도는 점점 더 세지고, 심지어 투명인간 취급을 받고 있지만 저는 너무나 평안하고 감사한 마음입니다. 과거에 나에게는 남편이 우상이었지만 지금은 남편의 종 되었던 내 삶의 사슬을 풀어주셨습니다.

저는 매일 매일 제사장의 축복 기도를 하므로 진정한 자유를 얻었습니다. 할렐루야! 2025년 '축복대로 이루시는 하나님'께서 최고의 축복을 주셔서 너무나도 행복합니다. 눈으로 확인되는 큰 재정의 허락하심도 아니고 좋은 일자리를 주신 것처럼 근사한 간증은 아니지만 저는 주 안에서 참 자유를 얻었습니다. 그리고 제사장의 축복대로 이루시는 하나님을 절대적으로 믿게 되었습니다.

더 감사한 것은 새해에 온 교인이 함께 암송하는 '마태복음 6장 암송'을 도전하라는 마음을 주심에 순종하며, 한 절 한 절 말씀이 외워질 때마다 하나님 앞에 내가 어떻게 살아가야 할지 분명하게 깨닫게 해주셨습니다.

은혜는 놀랍도록 컸고 내가 이런 축복을 받아도 되는 것일까? 말씀이 주시는 은혜가 이렇게 큰지 제사장의 축복 기도를 통해 나의 믿음에 확장을 주신 주님께 너무나도 감사합니다. "시험을 견디는 사람에게는 복이 있다"고 하셨고, 이는 "그가 인정을 받은 후에 하나님을 사랑하는 사람들에게 약속된 생명의 면류관을 받을 것이기 때문이다"(약 1:12)고 하셨습니다.

　이 말씀처럼 제가 주어진 시험 앞에 절망 대신 소망으로 살아가는 이유는 생명의 면류관을 받을 것을 기대하기 때문입니다. 예수님의 피 값으로 받은 내 삶이 너무 귀하고 감사하기에 계속해서 순종의 믿음으로 나아가겠습니다. 내게 주어진 지금 이 자리에서 가장 최선의 것을 주님께 드리고 싶습니다.

　다윗이 하나님께 고백했던 "주의 궁정에서의 한 날이 다른 곳에서의 천 날보다 나은즉 악인의 장막에 사는 것보다 내 하나님의 성전 문지기로 있는 것이 좋사오니"(시 84:10)라는 말씀처럼 문지기라도 좋으니 하나님 곁에 가장 가까이 있게 해달라고 어느 날의 기도에 응답해 주신 하나님 감사합니다.

　나를 최고라 여겨 주시는 주님 감사합니다. 테스트를 통해 항상 최고를 주시는 좋으신 아버지 사랑합니다. 감히 고백하건대 나의 생명 다하는 그날까지 주님 곁에서 주님께 쓰임 받다가 부르시는 날 기쁨으로 천국에 입성하고 싶습니다.

>>> 제사장의 축복 기도 체험기 _ 4
# 부담이 기대로 바뀌었습니다

정 * *

나는 결혼한 지 얼마 되지 않는 신랑·신부 둘 다 교역자인 신혼부부입니다. 아내와 나는 따로따로 서로 다른 두 교회에서 부교역자로 섬기고 있습니다.

2025년 표어 '축복대로 이루시는 하나님', 민수가 6장에 나오는 '제사장의 축복'에 대한 담임 목사님의 새해 첫 주 말씀을 듣고 집으로 돌아와 저녁에 아내와 함께 저녁 기도회를 하면서 우리 교회에서 말씀하신 주일 말씀인 제사장의 축도를 나누었습니다.

그날 이후 매일 아침 저는 아내를 끌어안고 제사장의 축복 기도를 합니다.

"하나님, 아내를 지켜주옵소서."

"하나님, 아내에게 은혜 베풀어 주옵소서."

"하나님, 아내의 몸과 마음에 평강을 주옵소서."

아내는 "아멘"으로 화답합니다.

처음에는 단순하고 즐겁게 이 축복의 시간을 가졌으나, 점차 시간이 지나면서 진지하게 이 축복을 아멘으로 화답하게 되었습니다.

아내는 신대원을 다니는 신학생으로 올해 새 교회에 부임하게 되어서 많은 스트레스를 받고 있었습니다. 아이들과 빨리 친해져야 하고, 사역을 잘 해내야 한다는 압박감, 40명 정도 모이는 작은 개척교회이기에 모든 일을 홀로 담당해야 하는 부담 등등. 모든 것이 낯설고 새로운 환경에서 사역을 시작하는 아내는 하나님을 의지하면서도 마음에 짊어지게 되는 부담을 쉽게 내려놓지 못했습니다. 또한 대학원 새 학기를 시작하며 수업과 많은 과제, 그리고 재정적인 어려움은 그녀의 어깨를 더욱 무겁게 했습니다. 그런데 매일매일 이 제사장의 축복이 하루, 이틀 쌓이면서 아내는 어느 순간 자신의 마음에 평강이 찾아오는 것을 느꼈습니다.

마음의 부담이 즐거움으로 변했고 압박감이 기대감으로 변했습니다. 대학원 수업도 즐겁게 느껴졌습니다. 부담스럽게 느껴졌던 것들이 하나님께서 자신을 훈련하신다는 기대로 변했습니다. 또 재정과 장래에 대한 걱정과 근심은 기쁨과 기대로 변했습니다. 많은 일을 감당해야 하기가 어렵다고 느껴졌던 마음이 하나님께서 베풀어 주시는 은혜 안에서 오히려 더 교회와 하나님 나라를 위해 봉사하며, 많은 아이디어를 내고 더 열정적으로 섬기게 되었습니다.

참 놀라운 일입니다. 누군가 아내의 마음을 새롭게 리셋한 것처럼 보였습니다. 어두운 방에 커튼이 걷어지듯 우리 부부 안에 기쁨의 햇살이 비추어졌습니다. 매일 매일 하는 제사장의 축복 기도는 우리 부부에게 큰 평강으로 다가왔습니다.

    하나님께서 제사장의 축복을 통해 이스라엘 백성들을 광야길에서 지켜 보호하듯이 가정 안에서 가장인 제가 구하는 이 제사장의 축복 기도를 통해 아내와 가정을 지켜 보호하심을 느끼고 있고, 또 앞으로 더 많은 하나님의 임재와 인도하심이 있을 것을 기대함으로 나아갑니다.

>>> 제사장의 축복 기도 체험기 _ 5
하나님의 얼굴을 보여주시는 은혜

김 * *

목회자 가정의 자녀로 태어나 언제나 하나님 앞에서 기도해야 한다는 말이나, 하나님께서 보호해 주신다는 말은 너무나 자주 들어왔습니다. 그러다 보니 때때로는 마음을 담아 기도하기보다는 그냥 의례 습관처럼 기도하는 날이 많았습니다. 그렇게 하나님의 보호하심에 대해서도 별생각 없이 기도했습니다.

그러던 중 새해 첫 주에 제사장의 축복 기도에 대한 말씀을 듣게 되었습니다. 늘 많이 보던 성경 구절이었으나 그날은 조금 특별했습니다. 내가 기도하는 것을 바꾸어야겠다고 생각했습니다.

이전에는 습관처럼 하는 기도에 껴서 하던 내용을 이젠 시간을 따로 떼어 제사장의 축복 기도를 하기 시작했습니다. 아침, 점심, 저녁 세 번을 기도했습니다. 그러나 당장 크게 변하는 것은 없었습니다. 언제나처럼 삶과 예배로 신앙생활을 했습니다. 그래도 멈추지 않고 제사장의 기도를 했습니다.

그러던 어느 새벽, 새벽예배를 가는 중 타고 자던 차가 빙판길에 미끄러워 브레이크가 잡히지 않는 상황이 되었습니다. 어떻게든 내 차를 지나가는 차를 피하려 움직이며 속도를 줄여보려고 하는데 되지 않았습니다. 그때 당시에는 고가 다리 위를 달리고 있었기 때문에 '아 나 죽었다'라는 생각밖에 들지 않았습니다. 그렇게 차는 통제되지 않은 채 미끄러지는 속도 그대로 갓길에 서 있던 버스와 부딪혔습니다. 그리고 눈을 뜬 당시에는 아무런 기억이 나지 않았습니다.

사고가 난 건지 아닌지도 모른 채 '아 새벽 예배 가고 있었지?'라고 생각이 들어 차를 끌고 다시 교회 쪽으로 가고 있었습니다. 지나가던 택시가 가려던 저를 세우며 "사고가 크게 났어요"라고 알려줄 때야 비로소 제가 사고가 났음을 알았습니다. 충격과 함께 기억을 잃어버린 것입니다.

실제로 차에서 내려보니 사고는 결코 작지 않았습니다. 앞 범퍼는 떨어져 나갔고 내 차는 경차였기 때문에 엔진이 밀려 자칫 크게 다칠 뻔했습니다. 그렇게 어지러운 순간에도 좋은 사람들을 만나 일 처리 도움을 받고 경찰이 온 뒤 자초지종을 설명했습니다. 그리고 내 차는 폐차하게 되었습니다.

차를 폐차할 정도로 큰 사고였기에 다들 걱정하는 눈치였습니다. 그런데 이상하게도 나는 몸이 아픈 곳이 없었습니다.

"교통사고 후유증이 있을 수도 있으니 병원에 가보는 게 좋겠어요."

주변에서 이야기했습니다. 그런데 그때 내 마음에 하나님께서 지켜주셔서 몸이 다친 곳이 없음을 알려주셨습니다. 그리고 그날 믿음으로 병원에 가지 않았습니다. 확인 한번 해 볼 만도 하지 않냐는 말을 주변에서 했습니다. 그러나 약속 있는 말씀을 붙잡고 기도한 것을 이루어 주셨음을 깨달은 순간 확인할 필요가 없었습니다.

그 뒤로 으레 습관처럼 하던 기도에서 살아 있는 하나님 앞에서의 기도가 무엇인지 깨달았습니다.

"하나님께서는 참으로 살아계시며 지금도 내 앞에 계시는구나."

"말씀대로 자기 백성을 보호하시는구나."

"말씀의 약속을 믿고 기도하는 자의 기도를 반드시 응답하시는구나."

이 사실을 머리로 아는 것에서 이제는 눈으로 보아 알게 되었습니다.

제사장의 축복 기도는 당장 아무런 변화가 없을 수도 있습니다. 그러나 말씀의 약속을 믿고 하나님의 얼굴을 구하면, 반드시 그 얼굴을 우릴 향하여 비추어주셔서 하나님께서 살아계심과 보호하심과 인도하심을 경험하게 되는 역사가 있습니다. ■